LE CANAL DE SUEZ

ET

LES INTÉRÊTS INTERNATIONAUX

LA

COCHINCHINE FRANÇAISE

ET LE

ROYAUME DE CAMBODGE

PAR

Théophile BILBAUT

Publiciste, auteur de la Revue de l'Exposition Universelle

Chevalier de l'Ordre Royal militaire du Christ, de Portugal, décoré de l'Ordre Princier de Hohenzollern, de Prusse, etc.

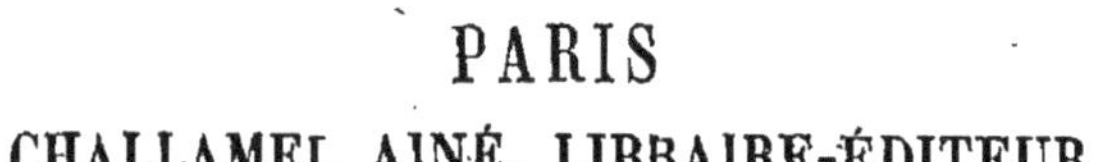

PARIS

CHALLAMEL AINÉ, LIBRAIRE-ÉDITEUR

COMMISSIONNAIRE POUR LA MARINE ET LES COLONIES

30, RUE DES BOULANGERS, ET 27, RUE DE BELLECHASSE.

1870

LE CANAL DE SUEZ ET LES INTÉRÊTS INTERNATIONAUX.

LA COCHINCHINE FRANÇAISE ET LE ROYAUME DE CAMBODGE.

I.

AVANTAGES GÉNÉRAUX DU CANAL DE SUEZ.

L'isthme de Suez n'est plus ; il a fait place au Canal de Suez : à cette barrière imposée momentanément, par la nature, à l'union, facile et rapide, de deux Mondes, appelés à se compléter et à se vivifier réciproquement, succède une route navigable, qui unit l'Occident à l'Orient, l'Europe à l'Asie et à l'Archipel Océanien.

C'est une grande chose, et le 17 novembre 1869 s'inscrira parmi les dates de l'histoire ; c'est en effet ce jour là que, sur de nouvelles colonnes d'Hercule, au lieu du *nec plus ultrà* fataliste de l'antiquité, le génie moderne a pu écrire :

« En l'an de l'Hégire 1282, sous le glorieux règne de l'illustre Padisha Abdul Azis Khan, Empereur des Ottomans, et sous le sage gouvernement du noble Ismaïl Pacha, Vice-Roi d'Egypte, ce monument a été élevé, pour perpétuer le souvenir du creusement du Canal de Suez, destiné à rapprocher les nations de l'Europe et de l'Asie, à multiplier leurs relations commerciales, à étendre les bienfaisantes conquêtes de la civilisation et à favoriser une union plus intime entre tous les membres de la famille humaine. Cette grande œuvre de paix est due à l'initiative et à la courageuse persévérance de Ferdinand de Lesseps ; elle a été menée à bonne fin avec le concours des principales nations maritimes et sous le patronage de l'Empereur des Français. (*) »

Voulant indiquer, à larges traits, les avantages généraux de cette œuvre grandiose, conçue, élaborée, menée à bien, au milieu de tant d'obstacles de toute nature, nous n'aurions pu le faire, d'une manière plus simple et plus heureuse, qu'en nous bornant à traduire la nerveuse inscription polyglotte du docteur Reinhold Klotz, que la Compagnie a fait graver sur le monument

(*) Traduit du texte grec de M. le docteur Reinhold Klotz, professeur d'éloquence à l'Université de Leipsik.

érigé à l'entrée du Canal, en commémoration de cette œuvre « plus durable que l'airain. »

L'histoire, appelée à enregistrer les résultats de l'entreprise de Suez, fera ressortir le contraste frappant, qu'il y a entre cette modeste et concise inscription et la révolution immense qu'elle aura faite dans les relations de l'Univers et dans la marche du progrès et de la civilisation.

II.

OBJET DE L'OUVRAGE.

Nous avons laissé nos études sur l'isthme de Suez au moment où, l'inauguration du Canal étant officiellement annoncée, le Monde industriel et commercial, appelé à utiliser la nouvelle voie, qui lui était offerte, devait se recueillir pour s'assimiler le nouveau mouvement maritime.

Après avoir successivement passé en revue les divers Etats intéressés à la solution du grand problême, après avoir constaté comment on se préparait dans le Monde entier, à la lutte pacifique engagée entre les intérêts multiples des peuples, nous nous sommes réservé d'envisager les résultats de l'œuvre de Suez, au point de vue de la France et de ses Colonies.

Nous nous proposons dans cette étude, de porter notre examen sur les ressources considérables de notre belle colonie de Cochinchine, d'appeler l'attention de l'industrie et du commerce Français sur un pays, qui peut dès maintenant offrir à l'activité Française un emploi très rémunérateur, et qui, dans l'avenir, doit sublever entièrement la France de la lourde dîme qu'elle paie actuellement à l'étranger, pour l'approvisionnement de productions coloniales que le sol de la Cochinchine est apte à nous fournir avec exubérance.

Cette question, pleine de vie et d'actualité, est d'un incontestable intérêt pour notre Colonie naissante et pour la Métropole; elle ne l'est pas moins pour le Canal maritime de Suez, qui, en devenant l'auxiliaire et la route directe de notre intervention en Orient, doit aussi recueillir une grande partie des fruits de l'expansion de notre puissance maritime et coloniale.

Notre but, on le voit, est l'utile et le juste; c'est le progrès pour la France et pour sa Colonie Asiatique, c'est la prospérité d'une des plus grandes entreprises Françaises, et c'est à ce titre que nous soumettons de nouveau cette suite de nos appréciations aux lecteurs bienveillants, qui ont bien voulu accueillir nos précédents travaux et les encourager de suffrages précieux, que nous attribuons entièrement à l'Œuvre elle-même, dont nous ne sommes qu'un modeste mais très dévoué auxiliaire.

III.

INAUGURATION DU CANAL MARITIME

Aux splendeurs qui ont signalé l'inauguration du Canal de Suez, les historiographes n'ont point manqué et ne manqueront pas : « cette inauguration, attendue par le monde entier, avec un si vif intérêt, avait attiré en Egypte et dans l'Isthme , de tous les points de l'Europe et du globe, un concours de spectateurs qu'il serait difficile de dénombrer ; depuis un mois , les paquebots de toutes les compagnies maritimes, en relations avec l'Egypte, étaient littéralement encombrés de passagers, les uns, appelés par la splendide hospitalité du Khédive, les autres spontanément attirés par l'éclat prévu de cette solennité, par le désir de s'assurer par leurs yeux du succès d'un ouvrage ayant rencontré tant d'incrédulités et de visiter ces déserts, transformés par le génie de l'homme, en peu d'années devenus plus célèbres que les vieux monuments des Ptolémées et des Pharaons.

La presse universelle, la science, les arts, le commerce, l'industrie, toutes les forces intellectuelles et actives des nations, avaient dans cette foule des représentants illustres et autorisés; et, comme pour donner tout son relief à cette fête du travail et de la la conquête pacifique, les Souverains, les Princes, les Ambassadeurs attitrés des Puissances venaient la présider et conduire eux-mêmes cette manifestation de notre temps, inouïe jusqu'ici dans les fastes du Monde. (*) »

Nous tenant à ce rapide exposé, nous nous garderons bien d'empiéter sur un terrain où se pressent de nombreux et compétents historiens ; mais si, avant d'arriver au cœur de notre sujet, nous savons renoncer au plaisir de retracer même succinctement ce splendide tableau, nous ne saurions décliner le devoir de relever les malveillantes allégations, qui ont assailli récemment l'œuvre patriotique de Suez. Le temps est passé des triomphes anciens où une place officielle était assignée aux insulteurs publics : aux triomphes vrais, il faut la vérité tout entière; il ne tiendra pas à nous qu'elle n'émerge des ténèbres dont se plaisent à la voiler des adversaires aveugles ou systématiquement hostiles.

(*) Ernest Desplaces.

IV.

RÉFUTATION DES ATTAQUES DIRIGÉES CONTRE LE CANAL DE SUEZ.

L'opposition, faite à l'œuvre de Suez, ne date point de ce jour, mais elle remonte aux débuts mêmes de l'entreprise.

Est-il besoin de retracer ici, même à grands traits, l'opposition systématique de l'Angleterre ?

Au moment où, par un acte tout gratuit de déférence, le Vice-Roi envoyait M. de Lesseps lui-même soumettre au Sultan le but de l'entreprise, commençait déjà à percer l'hostilité de lord Strattford de Redcliffe. La Porte néanmoins donna son assentiment au principe du projet et bientôt le monde entier fut saisi par la voie de la presse de la question qui allait devenir sienne à tous égards. Effrayée de l'unanimité des sympathies que suscitait l'œuvre de Suez, l'ombrageuse Angleterre essaya, dans une note communiquée au Cabinet Français, de placer cette question, toute privée, sur le terrain politique. La réponse, aussi logique que ferme, de M. le comte Walewski fit rentrer le Cabinet de Londres dans le silence ; mais, derrière le calme apparent se dissimulait la sourde hostilité de lord Palmerston. Alors commença au sein du Royaume-Uni, cette longue prédication de la grande cause, entreprise par M. de Lesseps. L'opinion publique se formait ; la commission internationale, composée des sommités de l'univers intelligent, fonctionnait et proclamait la possibilité de la réalisation de l'œuvre. Avec la marche favorable de l'opinion grandissait la colère de lord Palmerston, qui, au sein du parlement Britannique, s'égarait jusqu'à l'injure et la diffamation. Rien n'y fit ; la faveur publique allait toujours grandissant ; c'est alors que la diplomatie Anglaise résolut d'agir auprès de la Porte pour empêcher la formation de la Compagnie financière. Mais là encore l'esprit rétrograde de la vieille Angleterre, incarné dans lord Palmerston, échoua devant l'esprit droit, sincère, lumineux de M. de Lesseps. La souscription s'ouvrit : la France entière s'y inscrivit de la base au sommet ; l'Angleterre, elle, s'abstint. Mais c'est à la prise de possession du sol, au premier coup de pioche que l'Angleterre démasqua ses batteries et que, frémissant de rage, au moment même où la France était engagée dans la guerre d'Italie, elle envoya une escadre devant Alexandrie, chercha à intimider le Vice-Roi et se retrancha, par une pression désespérée, derrière le Sultan pour obtenir l'évacuation de l'Isthme, le retrait des fellahs ; là encore l'attitude de la France imposa à la traîtrise de l'Angleterre et bientôt les travaux entraient dans cette voie, qui devait nous conduire au succès.

Ce sont là des aberrations regrettables, il est vrai, mais qui s'expliquent jusqu'à un certain point, par la passion et par les rivalités nationales ; ce qui s'explique moins, ce qui ne saurait se justifier, ce sont les attaques, qui ont assailli, en France même, la féconde création du Canal de Suez, au moment où, au milieu des applaudissements de l'Univers entier, la France ouvrait au Monde cette nouvelle voie navigable.

A ceux, qui acclamaient l'inauguration du Canal, on objectait, avec une malveillance calculée, que le Canal était impraticable par le défaut de largeur et de profondeur ; on objectait que les ressources de la Compagnie ne pourraient suffire à parfaire l'œuvre ; que le vent du désert allait accumulant dans le lit du nouveau Bosphore des flots de sable, contre lesquels ne prévaudraient ni la drague, ni les engins de curage ; on objectait que, pendant les fêtes mêmes de l'inauguration, les vaisseaux, pour traverser, avaient dû rompre charge, et que plusieurs d'entre eux s'étaient ensablés. Bien plus, dans un écrit, distribué gratuitement après l'ouverture du Canal et alors que la jonction des deux mers était opérée, alors que les lacs Amers était redevenus un vaste port intérieur de quarante kilomètres de longueur sur dix de largeur, on allait jusqu'à nier encore la possibilité de remplir ces lacs, parce que, disait-on, l'eau introduite ne compenserait pas la perte par évaporation et par infiltration !

Coupables machinations, stériles efforts d'une coterie aux abois !... comme l'astre du poëte, la vérité s'est fait jour et a continué sa carrière ; le Canal est ouvert ; il est navigable ; le problême de la jonction des deux mers est résolu; nous en attestons ces bâtiments qui, par centaines, ont traversé et traversent le Canal ; s'y sont croisés ; y ont évolué. Quelle mauvaise foi plus insigne que celle, qui donne le nom d'ensablement à de fausses manœuvres de deux ou trois navires, sortis par leur faute de la ligne des balises pour aller donner de la proue sur les berges. Tout aussi peu fondée est l'objection qu'on déduisait avec acharnement du peu de solidité des berges que devait corroder le remous de l'hélice....

En dépit de ces hostilités persistantes, le Canal s'est fait; les imperfections, résultant d'une ouverture un peu hâtée, ont été atténuées et corrigées ; le grand peut-être a disparu : l'œuvre est praticable, en un mot.

Aussi, quelques jours à peine après ce grand événement, à l'ouverture du Corps législatif en France, le discours du Trône rendait hommage au succès de cette généreuse entreprise. L'Empereur d'Autriche s'adressant aux représentants de son royaume, saluait avec effusion cet heureux résultat ; lord Clarendon lui-même, le représentant de la jalouse Angleterre, si longtemps hostile à l'œuvre de Suez, s'associait au concert d'éloges de l'Univers commerçant, aux suffrages des Souverains, et adressait au Président de la Compagnie les félicitations de son gouvernement et du peuple Anglais. Les cortés Espagnoles enfin décrétaient à l'unanimité que M. Ferdinand de Lesseps avait bien mérité de l'humanité.... La Russie, l'Italie, le Portugal, la Grèce, l'Amérique joignaient bientôt leur voix à ces hautes consécrations.

C'est donc, avec un légitime orgueil, que nous pouvons revendiquer pour la France la gloire d'avoir inauguré cet œuvre féconde, et c'est avec un sentiment de patriotisme vrai, avec l'ardent désir de l'utile et du bien, que nous nous proposons d'étudier les résultats que doit avoir, sur notre pays et sur ses colonies d'extrême Orient, l'ouverture de la voie nouvelle, qui rapproche la France de l'Asie et qui doit resserrer plus étroitement encore les liens, qui unissent la Métropole à notre jeune et florissante colonie de Cochinchine.

V.

INFLUENCE DU CANAL MARITIME SUR L'EXTRÊME ORIENT ET SUR LA COCHINCHINE FRANÇAISE

Il serait superflu d'insister longuement sur la portée considérable de l'ouverture du Canal de Suez et de déduire, même sommairement l'influence qu'elle doit avoir sur les relations du vieux Monde avec l'extrême Orient.

« Pendant une de mes courses au désert, je faisais visite au chef des Annadis, tribu de quarante mille âmes, répartie sur les frontières d'Egypte et de Syrie. Ce chef, entouré de plusieurs cheiks des tribus du voisinage, me demanda des explications, non sur le travail en lui-même, qu'il connaissait, car nous employions ses hommes comme courriers depuis quelques années, mais sur l'utilité et le but de notre entreprise. Je traçai sur le sable la carte du Monde, et je montrai comment, partant de l'Europe et du bassin de la Méditerranée, traversant l'Egypte et aboutissant aux mers Orientales, ce courant de l'ouest vers l'est mettra en communication deux cent cinquante millions d'Européens avec sept cent millions d'Africains, d'Asiatiques et d'Océaniens ; je montrai de l'autre côté cette ligne qui, du détroit de Gibraltar, contournant toute l'Afrique et le cap de Bonne Espérance, coupe deux fois l'Equateur, et longeant Madagascar, n'arrive que par cet immense détour dans cette mer des Indes, placée, au moyen du Canal de Suez, à quatre ou cinq cents lieues seulement de la Méditerranée. Après avoir examiné le tracé que je mettais sous leurs yeux et suivi attentivement ma courte démonstration, ces hommes, émus, frappés de la grandeur du projet, levèrent les bras au ciel et se mirent à louer Dieu ; car ces créatures primitives, nourries dans les solitudes du désert, voient partout le doigt divin, et c'est à Dieu qu'ils rapportent l'hommage de tout ce qui leur paraît noble et beau. (*) »

Plus sceptiques, nos populations septentrionales ne se rendent qu'aux chiffres ; nous les renvoyons donc avec confiance aux tableaux, qui relatent l'abréviation des distances résultant de la canalisation de l'isthme ; nous les renvoyons avec plus de confiance encore à l'opinion d'un des hommes les plus autorisés en pareille matière : lors de l'inauguration du Canal, à la tête des hommes de science, qui assistaient à la solution du problème longtemps contesté, M. Dupuy de l'Hôme,

---

(*) F. de Lesseps. (Origine et résultats du Canal de Suez.)

le savant fondateur de notre marine cuirassée, Vice-Président de la Compagnie des Messageries Impériales affirmait hautement sa foi dans l'emploi immédiat du Canal et déclarait que le service des Messageries Impériales ne tarderait point à ne plus prendre d'autre route que celle de l'isthme, entre l'Orient et l'Europe : Cette promesse s'est réalisée et dernièrement l'Hoogly apportait par le Canal les malles de l'Orient; le Lloyd Autrichien, la Compagnie Marc Fraissinet sont devenus les tributaires de la nouvelle voie.

Nous pouvons donc considérer, comme arrivé, ce jour, redouté par lord Palmerston, où la France serait plus près des Indes que l'Angleterre. Mais sans peser les éventualités de guerre, et sans escompter les avantages que nous donnerait cette abréviation de chemin, en des jours où, suivant les paroles mêmes de M. de Lesseps à lord Palmerston, nous n'irions pas chercher l'Angleterre à six mille lieues de chez nous, mais à deux heures de nos côtes, n'envisageons ce rapprochement féérique de plus de trois mille lieues qu'au point de vue des relations fructueuses et considérables, qui vont unir la France à l'une de ses plus récentes, mais aussi de ses plus riches Colonies, la Cochinchine; à l'un de ses protectorats les plus féconds, le Cambodge.

VI.

IGNORANCE DE LA FRANCE SUR LA COCHINCHINE.

Et d'abord, qu'est-ce que la Cochinchinchine? Qu'est-ce que le Cambodge?

Sans doute, si l'on s'en tient au sens strict de la question, les connaissances géographiques, quelque peu étendues qu'elles soient généralement en France, ne sont point tellement nulles, que tous nos lecteurs, à cette demande, ne se portent immédiatement par la pensée vers l'Orient et n'y discernent sommairement la position de notre jeune Colonie et du Royaume auquel nous avons accordé notre protectorat.

Que s'il s'agit, au contraire, non point de notions vagues, confuses, mais bien de cette connaissance raisonnée, approfondie, indispensable entre une métropole et sa colonie, de cette connaissance appelée à faire naître entre elles une sympathie réciproque, à amener des relations politiques et commerciales, durables et fructueuses, alors, on ne saurait le nier, pour l'immense majorité, la Cochinchine, le Cambodge sont chose entièrement ignorée. Et, ce n'est pas sans raison qu'un publiciste, brillant et profond à la fois, M. Octave Féré, prêtant dernièrement le concours de son talent à une intéressante odyssée, dont les collaborateurs, éminents et expérimentés, M. le Commandant du génie de Bovet, MM. les lieutenants de vaisseau Henri Rieunier, qui, en 1860, sonda et releva le cours de l'Avalanche sous le feu des canons des forts et dota le corps d'attaque d'un plan de haute utilité, Ernest Harmand, qui à cette même affaire de l'Avalanche eut la cuisse traversée par une balle, Ernest Dumont et M. Goubaux, l'un des premiers explorateurs des retraites forestières des Moïs et des Stiengs, ont fourni les féconds et utiles matériaux, donnait à des récits captivants de chasses, de pêches, d'aventures et de découvertes dans la Cochinchine et le Cambodge ce titre affriandant et très vrai : *les régions inconnues*.

Singulière anomalie, contre laquelle on ne saurait trop protester ni trop réagir : nous avons eu personnellement occasion, lors de l'Exposition universelle, de nous trouver en relation avec divers représentans des nations qui ont concouru à cette grande œuvre de progrès, or ce qui nous a précisément frappé le plus, entre autres qualités plus ou moins inhérentes à telle ou telle nationalité, c'est le caractère d'universalité que présente, chez ces divers peuples, l'amour qu'ils professent pour leurs colonies, l'orgueil qu'ils tirent de leurs possessions d'outre-mer, la connaissance enfin qu'ils ont de leur essence, de leurs ressources, de leurs besoins, de leurs aspirations.... Chez nous, au contraire, ce n'est pas sans un effort, assez considérable, de mémoire que l'on arrive à remuer le faible bagage géographique, qui fait partie de toute bonne instruction, et que l'on reconstitue, à grand peine, dans un rapide et sec dénombrement, le bilan colonial de la France, Saint-Pierre et Miquelon, la Martinique et la Guadeloupe, Marie Galande, la Désirade, les Saintes, la Guyane, le Sénégal, Gorée, les îles Bourbon, Sainte-Marie, Pondichéry, Karikal, Yanaon, Mahé, Chandernagor, l'Algérie enfin, la nouvelle Calédonie, et la dernière venue, cette Cochinchine, dont nous nous occupons ici.

Cette indifférence ne doit toutefois être imputée ni à l'apathie, ni au manque de patriotisme; nous avons en effet vu maintes fois, à la simple énumération du long catalogue des colonies Anglaises, notre orgueil national se révolter, et l'indignation la plus franche se manifester, même chez des enfants auxquels on indiquait, sans commentaires, les résultats désastreux pour nos colonies, du traité d'Utrecht, de la néfaste guerre de sept ans et du traité de Paris.

Ce qu'il faut, c'est instruire la France de ses intérêts coloniaux; ce qu'il faut c'est réveiller le génie national qui, sous Richelieu et sous Colbert, avait mis la France au premier rang des nations colonisatrices. Plus n'est besoin de recourir aux coups de main et aux aventures des Béthencourt, des La Rocque, des Villegagnon, des Ribaut, des Du Guast et des Champlain : aux boucaniers et aux chefs d'expédition ont succédé une armée et une marine fortement constituées, des chefs glorieux qui ont affermi le pavillon Français dans nos anciennes colonies et qui, d'un esprit d'organisation égal à leur valeur militaire, ne se bornent pas à conquérir mais assoient, sur des bases durables, en quelques années à peine, des possessions coloniales d'une valeur importante comme la Cochinchine : c'est maintenant à notre commerce, à notre industrie de tourner vers ce nouvel élément de prospérité leurs vues et leurs efforts; c'est à nous tous de coopérer à ce mouvement que l'ouverture de la voie maritime de Suez est appelée à seconder puissamment.

Déjà l'impulsion a été donnée : à côté d'ouvrages pittoresques et de fonds, qui ont conquis à MM. Du Hailly, Duc Chaigneau, L. Pallu et Charles Lemire un succès et une popularité légitimes, de savants travaux, de très sérieuses et de très utiles études ont surgi, et l'on ne saurait trop donner d'éloges aux efforts en ce sens de MM. Aubaret, L. de Grammont, A. Bourchet, E. Cortambert, Léon de Rosny, de Bazancourt, G. Francis, H. Abel, L. de Coincy, de M. Vial surtout, chez lequel, par la plus heureuse organisation, se trouvent réunis une formule franche et un fonds de connaisances considérable, qualités précieuses qui font des rapports du Directeur de l'intérieur des documents historiques avec lesquels devront compter tous ceux qui auront à s'occuper des choses de la Colonie.

Assuré par les remarquables dispositions , prises pour le présent, par la sollicitude du Gouvernement, du Ministère de la marine , et par le talent des Gouverneurs , l'avenir intrinsèque de notre colonie de Cochinchine ne peut être douteux ; quant au développement de ses relations avec l'Univers commerçant et la Métropole surtout, il dépend précisément de la diffusion et de la vulgarisation des intérêts qui s'y rattachent. Il ne suffit pas que notre colonie soit prospère, il faut que tous le sachent : la question de Cochinchine doit être familière à tous les Français. Dans cet ordre d'idées, les publications qui la concernent, ne doivent pas être l'apanage exclusif de quelques lecteurs privilégiés: les moindres projets, les moindres travaux, les moindres détails statistiques ont leur importance et l'on ne saurait trop en encourager la vulgarisation.

VII.

NÉCESSITÉ POUR LA FRANCE D'UN GRAND ÉTABLISSEMENT COLONIAL EN ORIENT.

De tous temps les Indes, ces mystérieuses et riches contrées de l'Orient, ont exercé sur le monde ancien et sur l'Occident une fascination prodigieuse. C'est qu'en effet, sous ce nom collectif des Indes, se groupaient les pays du soleil, les pays des riches et faciles productions ; c'est de là que se tiraient les précieux métaux, les porcelaines, l'ivoire, les perles, les lapis, les rubis, les améthystes, les topazes, les hyacinthes, les agates, les tourmalines, les saphirs, les diamants ; c'est là que croissaient les épices, choses nouvelles pour les palais si sensuels du vieux Monde, et le poivre, et le gingembre, et la muscade, et la cannelle, et le sucre, et le thé ; c'est de là que venaient, les parfums, l'amome, l'encens, le camphre, les teintures éclatantes, l'indigo, le sandal, et les tissus précieux, et la soie, et le coton, et les toiles peintes, ces merveilleuses cotonnades, à fleurages, de

Calicut, ces indiennes, reflets merveilleux du soleil et de la lumière de leur terre natale.

Aussi, à toutes les époques, les peuples conquérants ou colonisateurs ont-ils tenu à s'assurer le domaine ou le monopole des Indes.

Sans qu'il soit besoin de remonter à ces grandes expéditions antéhistoriques, qui se cachent sous le mythe héroïque de la conquête de Indes par Bacchus, ou même à l'expédition historique d'Alexandre, nous voyons la preuve de ces tendances dans les luttes successives des Républiques Italiennes, des Portugais, des Espagnols, des Hollandais, de l'Angleterre, de la France même, pour planter leur pavillon dans ces pays privilégiés.

Nous renoncerions à profiler, même à grands traits, ces tentatives aussi acharnées qu'incessantes, si cet historique ne se rattachait pas directement à notre sujet et ne montrait à l'évidence l'importance que doit attacher la France à sa nouvelle colonie de Cochinchine, à son protectorat du Cambodge.

Au moyen-âge et au commencement des temps modernes, le trafic avec les Indes, était accaparé par les républiques Italiennes, et il ne faut pas chercher ailleurs la principale cause des guerres incessantes de cette époque entre les Pisans, les Génois, lse Florentins et les Vénitiens, que dans leur jolousie réciproque au sujet du commerce de l'Orient et dans cette funeste erreur commerciale qui leur faisait craindre que la prospérité de l'un nuisît à celle de l'autre, comme si l'Orient n'eût point été suffisant à absorber l'activité de tous ces navigateurs, naïfs et primitifs, dont le plus grand souci était de dissimuler les provenances de leurs marchandises, la route qu'ils suivaient, et d'exclure leurs rivaux des marchés de production, par ruse et, à défaut, par force. A l'épuisement, qui résulta de ces luttes intestines entre les républiques Italiennes, vint bientôt se joindre, pour porter le coup d'extermination, au commerce de la Reine de l'Adriatique et de ses émules, la concurrence fatale des grandes nations maritimes.

Après l'Amérique, l'Afrique venait d'être découverte à nouveau, le cap était doublé et les Portugais et les Espagnols allaient à leur tour exploiter en maîtres les riches gisements des Indes. Bientôt l'insurrection des Pays-Bas incitait les Hollandais à confisquer à leur profit le commerce si avantageusement exploité par leurs ennemis. Après eux, les Anglais, les Français, les Danois se jetaient sur cette riche curée et venaient successivement établir sur les côtes de l'Océan Indien de riches et utiles comptoirs.

Sans vouloir établir et développer un parallèle entre les possessions de chacune de ces nations à l'origine et leurs possessions dans ces derniers temps, et, sans nous étendre sur les conséquences du régime d'accaparement et d'exclusivisme suivi à outrance par l'Angleterre, qu'il nous suffise de jeter un coup d'œil sur la carte de l'Asie, sur ces régions que les âges précédents et le nôtre ont toujours convoitées, non sans raison, et d'y constater quelle y était la position relative de la France, il y a quelques années à peine.

A coté des immenses possessions de l'Angleterre dans l'Inde, de ses résidences médiates de Calcutta et d'Agra, de Madras et de Bombay, comprenant les riches et nombreux pays d'Adjmir, d'Agra, d'Allahabad, d'Aoude, de Behar, de Bengab, de Delhi, de Gandouana, de Ghéroual, d'Orissa ; de Balaghat, des Circars, de Coïmbetour, de Kanara, de Karnatic, de Maïssour, de Malabar ; d'Aurengabad, de Bedjapour, de Guzzerat, de Kandeich ; à coté de ses possessions médiates ou tributaires, des principautés de Bikanir, de Boundy, de Djesselmïre, de Djeypour, de Kotah, de Mewar, de Marwar, de Tonk ; du pays des Bhatties; de la principauté de Katch-Bhondj ; du royaume de Baroda ; des principautés de Banswara, de Dubboï, de Goundal, de Kambaya, de Noanagar, de Therad, de Turrah ; du royaume d'Holkar, des principautés de Bopal et de Dharra ; des principautés d'Ihansi, de Pannah, de Renah, de Tehri ; des principautés de Bhartpour, de Dholpour, de Karoli, de Matcherry ; du royaume d'Aoude ; du Sirhing ; de la principauté de Colapour et du royaume de Satarah ; des royaumes du Décan, de Nagpour, de Maïssour, de Travancor, de Kotchin, de Sikkim, des Laquedives ; à côté de

Ceylan ; à côté des royaumes d'Aracam et d'Assam, des pays de Djintiah, de Katchar, des Garrows, des Kouki, des Moïtay ; des provinces de Martaban, de Tavay, de Tenasserim, de Ye ; de Malacca, des îles du Prince de Galles et de Singapore (*) ; à côté de la Malaisie, qui est aux Hollandais, de Java, de Sumatra, de Bornéo ; à côté des Philippines qui sont aux Espagnols, des Bissayes, des Calamianes, de Leyte, de Luçon, de Manille, de Mindanao, de Mindoro, de Palaonan, de Samar, de Soulon ; à coté de Daman, de Diu, de Goa, de Macao, de Timor, qui sont aux Portugais ; de Sirampour et de Tranquebar aux Danois ; la France pouvait à peine se prévaloir du misérable appoint de Chandernagor, de Karikal, d'Yanaon, de Mahé et de Pondichéry !

Après cette sèche mais éloquente énumération, que nous avons pris à cœur de laisser distiller, goutte à goutte, sur cette fibre française, que nous avons sentie s'insurger en nous et qui ne manquera pas de vibrer péniblement chez chacun de nos lecteurs, n'y a-t-il pas lieu d'affirmer, quand on considère cette pauvreté primitive de la France coloniale en Orient ; lorsqu'on constate quel était l'état précaire de l'extrême Asie, resserrée entre deux puissances envahissantes, la Russie au Nord, l'Angleterre au midi ; lorsqu'on remarque que c'est précisément au milieu des deux bras du gi-

(*) D'après Balbi.

gantesque étau, sans cesse plus étroit, de nos rivaux, que la France est venue, en plein Royaume d'Annam, opposer sa résistance comme un coin infrangible ; n'y a-t-il pas lieu d'affirmer que l'action d'éclat, de réparation et de justice qui est venue, comme corollaire de la campagne de Chine, planter, au cœur de l'extrême Orient, le drapeau de la France et l'y maintenir, constitue l'un des événements les plus mémorables de nos fastes nationales et qu'il était temps, qu'il était indispensable pour la France de venir, à côté des empiétements incessants du Russe et de l'Anglais, fonder en Asie un grand établissement colonial.

VIII.

RESSOURCES NATURELLES DE LA COCHINCHINE FRANÇAISE.

Le pays, où la France venait ainsi jeter son épée dans la balance et réaliser ce vœu d'un illustre homme d'Etat qu'il ne convient pas à la France d'être absente dans une si grande partie du Monde, où déjà les autres nations de l'Europe ont pris pied (*), » ce pays, c'est la Cochinchine Française, immense région de près de soixante mille kilomètres carrés, d'une surface égale à celle de dix de nos départements.

De longue date, les Portugais, ces experts passés maîtres en fait de colonisation, avaient exploré ce beau pays et, lui reconnaissant les caractères qui distinguent les côtes irriguées et poissonneuses du Céleste Empire ainsi que l'aspect des rivages plantureux de Cochin, l'avaient, d'un nom mixte, caractéristique de ces deux contrées, appelé la Cochinchine.

Il n'entre pas dans nos vues de faire de la Cochin-

(*) M. Guizot.

chine une étude géographique ou climatérique, même restreinte, notre intention étant, parmi les données physiques, comme parmi tous autres éléments du domaine administratif, militaire ou commercial, de ne prendre que ceux qui peuvent concourir à démontrer les ressources et la vitalité de notre Colonie, pour l'imposer avec plus d'autorité à l'attention du monde commerçant, pour la signaler à l'activité Européenne et la faire profiter plus largement de la civilisation nouvelle, qui résulte de l'ouverture du Canal maritime.

Sans doute, nous éprouvons bien quelques regrets à ne pas jeter dans notre récit, à l'exemple de nos devanciers, certains détails pittoresques dont la matière foisonne sous notre plume, mais nous ne saurions nous écarter, même épisodiquement, de notre but : l'utile. Nous allons donc nous borner à indiquer rapidement les conditions naturelles de prospérité que présente notre Colonie sous le rapport de la situation, du climat, du sol et des productions.

Située à l'extrémité de la bifurcation orientale de l'Indo-Chine, entre dix et onze degrés de latitude et cent trois et cent cinq de longitude, commandant les embouchures du fleuve du Camdodge, baignée par deux mers, le Golfe de Siam et la mer de Chine, la Cochinchine est dans une position géographique, excellente, et par elle même, et par rapport aux Indes Anglaises, à la Chine et au Japon, entre lesquels elle forme, pour ainsi dire, une station intermédiaire toute naturelle. De ce dernier chef, tout accroissement dans sa prospérité intérieure ne peut qu'ajouter à son importance relative et forcer ses riches voisins à compter de plus en plus avec Elle.

Quant au climat, la température est élevée, il est vrai, mais presque uniforme pendant toute l'année: il est superflu de faire remarquer combien cette absence de brusques variations est favorable au point de vue de la santé publique et des productions du sol. Comme dans toutes les régions tropicales, l'année, en Cochinchine, se divise en saison sêche et en saison de pluies et si, pendant cette dernière saison, la persistance quasi semestrielle d'une pluie torrentielle et la formation journaliére d'orages influent sur les tempéraments Européens et contribuent à les énerver, on n'en doit pas moins considérer l'acclimatation, en Cochinchine, comme aussi facile qu'à Java, à Singapore et autres stations importantes et surtout comme infiniment plus facile qu'aux autres Colonies Françaises. La mortalité ne s'y traduit en effet que par un chiffre de cinquante pour mille, et l'on doit reconnaître que les conditions hygiéniques et sanitaires y sont beaucoup plus favorables que dans l'Inde.

Le sol est presque entièrement formé de terrains d'alluvion, véritables composts de sables refoulés par la mer, et de limon charrié par le Cambodge, au milieu desquels se font jour, en certains endroits, les montagnes granitiques de Dien-ba, de Bien-hoa, de de Shon-lu, de Baria, du Cap-Saint-Jacques, et les pics des îles de Poulo-Cécir et de Poulo-Condor, qui semblent y continuer le système orographique de l'Asie et en rattacher la grande chaîne dorsale au plateau de l'Australie, par les pics de Sumatra, de Borneo et de Java. C'est dire que ce pays, outre qu'il peut compter sur les produits extractifs d'un sous-sol osseux, granit, calcaires, minerais, etc., est admirablement prédestiné, par une couche exceptionnellement riche d'humus, à toutes espèces de récoltes.

Et en effet les terrains bas fournissent, avec la plus grande facilité et presque sans culture, le riz qui forme la base et presque la totalité de l'alimentation de l'Annamite avec les produits de la pêche. Le coton, dont la culture et la récolte exigent à peine l'intervention des femmes et des enfants, suffit amplement à compenser les frais modiques des vêtements. Le bambou fournit les éléments de l'habitation. Voilà donc le vivre, le vêtement, le couvert; l'aréquier et le bétel, le tabac, se chargent du complément, du luxe de l'existence: la nature à donc pourvu à tout.

Pour ceux qui, non contents de cette vie facile, mais par trop élémentaire, recherchent le superflu, le bien-être, la richesse, il suffit d'un peu de travail et d'esprit de suite, dans un pays qui ne demande à l'homme que sa présence, sa direction pour produire, avec exubérance, les légumes les plus plantureux, les récoltes les plus précieuses, qui viennent alimenter des marchés d'une importance dont ceux de nos villes, même les plus fréquentées, ne donneraient qu'une faible idée et dans lesquels le commerce est assez suivi pour assurer une large rémunération.

Les arachides, la canne, le maïs, le poivrier, l'indigotier, se partagent, à l'envi, les divers terrains de notre colonie. Parmi les arbres, sans parler du cocotier, dont le fruit fournit des fibres pour cordages, de l'huile, des ustensiles de ménage; des banians aux formes fantastiques ; des palétuviers, ces palissades naturelles des cours d'eau ; du mûrier ; les essences les plus riches d'arbres s'étendent en magnifiques forêts au nord et à l'est. Le charronnage, l'ébénisterie peuvent puiser à l'envi, dans ces immenses ressources, à peine explorées, d'arbres précieux, pendant que les indigènes, continuant leurs errements primitifs, se tiennent à la riche famille des Cays, au Cay-Cam qui fournit de la gomme, au Cay-dau qui distille une résine et un mastic excellents pour les barques, et au Cay-gô qui fournit pour les maisons des colonnes d'une dureté excessive : il y a là toute une source de richesses qui contraste singulièrement avec la pauvreté forestière de la Métropole.

Si l'on joint à toutes les richesses du sol les facilités, qu'offre le plus magnifique réseau de cours d'eau qu'on puisse imaginer, le Donnaï, le Don-trang, le Soi-rap, les Vaïco, le Cambodge, qui descendent des régions Cambodgiennes et qui reliés par des infinités de canaux ou arroyos, comparables aux nombreuses ramifications de la paume de la main humaine, constituent des routes toutes naturelles pour l'Annamite, peuple marinier par excellence, on se rendra compte de la richesse naturelle et de l'avenir de la Colonie qu'à mise en notre possession la conquête dont nous allons rapidement retracer l'historique.

IX.

HISTORIQUE RAPIDE DE LA CONQUÊTE.

Nous n'avons pas la prétention d'aborder, dans ce cadre restreint, l'historique détaillé et complet de la conquête de Cochinchine : Cette épopée historique, marquée par des difficultés inouïes, par des dévouements sublimes, dont le récit est à peine parvenu jusqu'en France, à travers six mille lieues de distance et au milieu du bruit qui se faisait alors en Europe, autour de la guerre d'Italie, des victoires de Palestro, de Solferino, de Magenta; cette histoire, encore obscure mais si glorieuse et si militante de l'enfantement de l'influence Française en Orient, excèderait de beaucoup les limites assignées à cette étude : nous n'en prendrons que les éléments indispensables à notre but général.

L'Annam, civilisé au IIIe siècle avant J.-C. par les Chinois, fut tantôt soumis à la Chine, tantôt indépendant. En 1363, Lé-loa assura sa liberté et fonda la dynastie des Lé qui règne encore au Tonquin; la famille Nguyen occupa le trône de la Cochinchine.

Les relations de la France avec l'Annam avaient été assez peu importantes, lorsque nous voyons, en 1787, le Roi Louis XVI accéder aux demandes de secours du Roi Gia-Long, luttant contre une usurpation de sa Couronne. La négociation du traité de Versailles, qui devait nous attribuer en pleine propriété la ville de Tourane, les îles Faifoo et de Hai-Wan, avait été conduite par un missionnaire, dont le nom est presque légendaire en Orient, Mgr Pigneaux de Béhaine, évêque d'Adran, qui, en coopérant à rétablir la Couronne sur la tête de Gia-Long, voulait surtout atteindre la réalisation d'un but généreux, l'introduction de la civilisation chrétienne dans ces contrées.

Bien que les secours, accordés par Louis XVI, eussent été enrayés en chemin par l'irrésolution du Gouverneur de Pondichéry et par la révolution qui éclata bientôt en France, le retour de Mgr Pigneaux avec le fils du Roi, qui avait été en France l'objet de vives sympathies, les exhortations du courageux missionnaire, « homme de génie, évêque, diplomate et guerrier tout à la fois, » rendirent confiance aux amis du Roi ; des officiers Français venus à la suite de l'évêque, car les enfants de la France ne font jamais défaut où il y a danger et devoir, organisèrent à la hâte quelques compagnies d'infanterie et d'artillerie à l'européenne, établirent des fonderies de canons, construisirent des vaisseaux et bientôt Gia-Long mettait fin à une guerre qui avait duré près de trente ans et arrivait à recouvrer son Royaume.

Ses ennemis étant vaincus, Gia-Long s'occupa d'organiser ses Etats avec le concours de nos Français, MM. Barisy, Chaigneau, de Forsant, Ollivier, Vannier, qui construisirent bientôt les magnifiques citadelles de Bien-Hoa, de Chaudoc, de Hatien, de Saïgon, de Vinh-Long; dressaient la carte hydrographique des côtes et des bassins fluviaux; donnaient enfin à l'armée et à l'administration civile cette organisation vivace qui a survécu au temps et dont nous avons retrouvé les empreintes persistantes, lors de notre récente conquête.

A Gia-Long qui avait dû, par pudeur plutôt peut-être que par conviction, respecter cette religion chrétienne à laquelle il devait tout, allait bientôt succéder Minh-Mang son fils auquel, en mourant, il adressait ces dernières paroles: « Aime la France et les Français, ô mon fils, mais ne leur accorde jamais un seul pouce de terre dans tes Etats. » Minh-Mang, le Néron de l'Annam, ne s'arrêta pas à l'exécution de ces prescriptions et bientôt la Cochinchine fut inondée du sang des chrétiens: ce fut l'abbé Gagelin, étranglé; l'abbé Marchand, enfermé dans une cage de fer, tenaillé avec des pinces ardentes et crucifié après avoir eu son corps lacéré plusieurs fois par les bourreaux; l'abbé Cornay, qui eût la tête tranchée, puis les membres et le corps coupés par morceaux; l'abbé Jaccard, mis à mort par strangulation; Michel Mî, néophyte, qui eut la tête tranchée et dont le corps, par une honteuse spéculation sur les instincts pieux des chrétiens, fut vendu à l'encan.

Sous Thieou-Tri, successeur de Minh-Mang, nos menaces arrivèrent à épargner de semblables massacres et nous obtînmes qu'on nous remît sains et saufs les P. P. Galy, Berneux, Charrier, Miche et Duclos, ainsi que Mgr. Lefebvre, evêque d'Isauropolis, qui avaient été arrêtés.

Enfin monta sur le trône, Tu-Duc, le roi actuel; les massacres recommencèrent. Le missionnaire Lorrain, Schœffler, tomba sous les coups d'un bourreau qui dût s'y reprendre à trois fois pour séparer la tête du tronc et scia ensuite avec son sabre les chairs qui tenaient encore! M. Bonnard, fut décapité, cousu dans un sac et jeté en pleine mer dans l'espérance, bientôt déjouée par la ferveur chrétienne, que son corps échapperait à ses coréligionnaires.

De tels forfaits criaient vengeance. La conciliation et la douceur furent employées en pure perte; M. Lelieur de Ville-sur-Arc, commandant du *Catinat*, M. de Montigny échouèrent dans des tentatives amiables pour arriver à assurer le respect de la religion chrétienne; c'est alors que les chrétiens découragés se tournèrent suppliants vers la France et y envoyèrent, comme avocat de la cause de l'humanité, Mgr Pellerin, évêque de Biblos, vicaire apostolique de la Cochinchine septentrionale.

L'abbé Huc ancien missionnaire apostolique en

Chine, soumit bientôt à l'Empereur un travail sur les droits acquis à la France par le traité de Versailles. Une Commission fut nommée par S. Ex. le Ministre des Affaires Etrangères, sous la présidence de M. le Baron Brenier, Ministre plénipotentiaire, et soumit sans désemparer le résultat de ses recherches à M. le Comte Walewski et à l'Empereur

Les clauses du traité de 1787 ne paraissaient guère devoir être invoquées puisque, par des circonstances majeures, le traité n'avait reçu qu'un accomplissement incomplet de la part de la France, mais les droits sacrés de l'humanité faisaient à notre Gouvernement un devoir de ne pas laisser le sang chrétien demander plus longtemps vengeance. Des négociations furent donc entamées, sans retard, avec la cour de Madrid pour obtenir son concours, dans cette grande cause où elle avait aussi des intérêts à défendre, et une dépêche datée du 25 novembre 1857, alla trouver le Contre-Amiral Rigault de Genouilly, devant Canton, au moment où il se disposait à partir dans le nord de la Chine, et lui apprit que la volonté de l'Empereur était de mettre un terme aux persécutions et d'assurer aux Chétiens la protection efficace de la France.

Les nécessités impérieuses de la guerre de Chine ne permirent point d'exécuter immédiatement les volontés de l'Empereur mais de terribles et navrantes éventualités ne devaient pas tarder à faire entrer nos armes dans la période d'action. Mgr Diaz, évêque Espagnol de l'ordre de Saint-Dominique, venait d'être jeté dans les fers. Le Consul-général d'Espagne en Chine, demandait officiellement,, que vu l'urgence des circonstances et en raison de l'éloignement de Manille, l'un de nos bâtiments de guerre se portât sur la côte du Tonquin pour obtenir, si c'était possible, la liberté de l'infortuné Prélat. L'Amiral n'hésita point et il envoya le *Catinat* qui malheureusement arriva trop tard : Mgr Diaz avait été mis à mort. L'année suivante, son successeur, Mgr Melchior était décapité, puis hâché en morceaux et ses restes envoyés dans les diverses localités chrétiennes pour être exposées sur les places publiques.

La coupe débordait !... Heureusement la première période de la guerre de Chine venait de se terminer glorieusement, l'Amiral Rigault s'empressa de se tourner vers la Cochinchine ; l'Espagne fournit deux bâtiments de guerre et un régiment indigène des Philippines.

Le 30 août 1858, toute l'escadre se trouva réunie devant Tourane, position avantageuse, au fond d'une baie et que le traité de 1787 avait promise à la France. Le lendemain soir les deux forts étaient pris d'assaut et la ville occupée.

Néanmoins les Cochinchinois étaient loin d'être aussi arriérés que les Chinois dans l'art de la guerre. Profitant des leçons que leur avaient données les Français au siècle précédent, ils avaient continué la pratique de notre tactique militaire et armé leurs ouvrages défensifs d'après les systèmes Européens.

Bientôt sous ce climat de feu, le corps expéditionnaire Franco-Espagnol fut en proie à de dangereuses maladies, suite des fatigues et des privations. Au choléra qui avait suivi le corps expéditionnaire depuis Shangaï succédaient les dyssenteries, les fièvres pernicieuses et le scorbut.

L'exploration des environs de Tourane, abandonnés par un ennemi qui avait le talent de faire le vide autour de nous et de nous isoler, démontra à l'Amiral Rigault de Genouilly qu'il n'avait point assez de forces ni un matériel de canonnières convenable pour tenter de marcher contre Hué, capitale de l'Empire.

C'est alors qu'après avoir assuré notre position à Tourane, l'Amiral Rigault, par une inspiration de génie qui lui assure à jamais la gloire incontestée d'avoir doté la France de sa plus belle Colonie, tourna ses vues sur Saïgon. « Un coup frappé sur Saïgon, disait-il, aura un effet très utile, d'abord sur le Souverain Annamite. En second lieu, Saïgon étant très rapproché de la frontière du Cambodge, le Roi de Cambodge tentera peut-être quelque effort pour secouer le joug que fait peser sur lui la Cochinchine, et ce serait une favorable diversion. Enfin Siam entendra le retentissement du canon Français ; ce retentissement ne peut que raffermir le Souverain de ce pays dans les bonnes dispositions qu'il montre pour nous, mais qui sont, dit-on, plus apparentes que réelles..... On doit partir de ce point qu'en ces pays lointains, pour l'honneur de nos armes et pour satisfaire l'opinion de l'Europe, celle de la France, et aussi pour l'accomplissement de l'œuvre elle-même, il faut des succès, toujours des succès et jamais un échec. Cette obligation de succès, un Commandant en chef ne doit jamais la perdre de vue dans ses entreprises et c'est parce que je crois fermement au succès d'une expédition sur Saïgon, que je vais me porter sur cette ville.... »

Cette logique sérieuse devait porter ses fruits. Le 15 janvier 1859, l'escadre Franco-Espagnole arrive devant Saïgon. Le 16, deux forts, à l'entrée du fleuve, sont emportés ; le 17, la citadelle succombe et livre aux alliés un matériel considérable.

La prise des deux points importants de Tourane et de Saïgon n'est cependant point encore une solution. Le gouvernement de Hué n'est pas amené à des concessions, et chaque jour produit dans nos rangs des vides qu'il faudrait combler à tout prix. Mais la France est tout entière alors à la guerre contre l'Autriche ; le Ministère dans l'impossibilité de donner satisfaction aux demandes de renfort du Commandant en chef en arrive à laisser à son appréciation entière la question de l'évacuation complète de la Cochinchine.

Ce sera encore, aux yeux de l'histoire, une des gloires les plus incontestées de l'Amiral Rigault de Genouilly de n'avoir pas alors, au moment où tout s'effondrait autour de lui, au moment où les choses, par un revirement fatal, s'assombrissaient de nouveau en Chine, au moment où sa santé personnelle inspirait de sérieuses craintes, de ne pas avoir désespéré de la fortune de la France et d'avoir résolu quand même de conserver le pied en Cochinchine. Il fallait pour cela opter entre Tourane et Saïgon ; l'Amiral n'hésita point et, faisant évacuer Tourane, il conservait sur le Donnaï une position qui eût pu devenir plus tard fort difficile à reconquérir.

Bien nous en prit que l'Amiral ait arrêté ces sages dispositions. La guerre d'Autriche se terminait bientôt comme l'on sait; les renforts étaient accordés; le ministère révoquait l'éventualité de l'abandon de la Cochinchine et le 1er novembre 1859, le Contre-Amiral Page venait relever de sa glorieuse et pénible mission le brave Commandant en chef qui rentrait en France avec le grade de Vice-Amiral dont il avait reçu précédemment la nomination devant Tourane.

« Le lendemain, 2 novembre, un événement inattendu vint répandre la joie dans la jeune colonie. Un navire Siamois abordait pour la première fois, dans le port, et venait nous rappeler que nous avions pour voisin un peuple ami, lié par un traité avec la France, et avec lequel il était possible d'établir les plus utiles relations. Le Gouverneur, ayant appris qu'un Prince du sang, neveu du Roi de Siam, était à bord du navire, se hâta de s'y rendre et fit tous ses efforts pour resserrer en cette circonstance les liens d'amitié dont le Gouvernement Thaï venait de donner, par cette visite, un si aimable témoignage à nos compatriotes. »

Quelque temps après, le 22 février 1860, l'Amiral ouvrait au commerce le port de Saïgon.

Si, pendant cette période de transition, la poignée héroïque de braves, commandée par l'amiral Page, utilisait son temps à fortifier notre position et à créer des abris indispensables, les Annamites ne perdaient pas non plus le leur.

Dans le courant de juin, les mandarins essayaient de couper nos communications avec la ville Chinoise où se trouvaient emmagasinés les riz qu'on chargeait à Saïgon, mais repoussés, ils inauguraient bientôt un système de circonvallation, qui avait pour résultat de nous enfermer dans le rayon de Saïgon et de nous couper toutes les communications par terre; un camp retranché se formait dans la plaine de Ki-Hoa et des parallèles nous menaçaient du Nord au Sud, et nous renfermaient dans Saïgon.

Le Vice-Amiral Charner fut bientôt chargé d'agir et le 11 février 1861, il mouillait à Saïgon avec une petite flotte de deux frégates, quatre corvettes, quatre canonnières de transports et un corps expéditionnaire.

Du 17 au 21 février s'ouvrit une série d'actions meurtrières, acharnées, qui eurent pour résultat la rupture des lignes de Ki-Hoa et la prise de la citadelle et des forteresses où les Annamites avaient concentré leurs principales forces et réuni tous les moyens de défense dont ils pouvaient disposer.

Saïgon était débloqué ; il fallait maintenant prendre l'offensive et s'emparer de toutes les positions de l'ennemi dans la basse Cochinchine pour mettre à l'avenir Saïgon et notre établissement à l'abri de toute atteinte. Le 13 avril, deux petites escadres de canonnières arrivaient devant Mitho et s'en emparaient. La prise de cette place fut la clef de notre puissance ; un arrêté du 23 avril interdit, en effet, l'accès du riz dans le nord de l'Empire : Cette nouvelle consterna les Annamites en les atteignant dans un approvisionnement qui, pour eux, est la principale condition de la vie ; l'Empereur Tu-Duc put songer alors seulement à traiter sérieusement de la paix, mais il se garda bien de le faire avant d'avoir épuisé, contre nous, toutes les ressources de son esprit Asiatique, et nous eûmes bientôt à lutter contre des soulèvements infinis, multiples, partiels qui exigeaient une division considérable de nos forces. Il n'y avait pas à hésiter; le 19 mai, tout le territoire conquis fut mis en état de siége, et depuis Go-Cung jusqu'à Tay-Ninh, de la mer de Chine au Royaume de Cambodge, notre autorité dut être reconnue.

Le 29 novembre, le Vice-Amiral Charner remettait ses pouvoirs au Contre-Amiral Bonard. Les hostilités ne tardèrent pas à recommencer. En décembre, nos troupes s'emparaient de Bien-Hoa, et, quelque temps après la prise du fort de Bariah achevait la soumission de la province. Le 21 mars, Vinh-Long tombait en notre pouvoir, et à la suite de ces succès, le 18 avril, l'Amiral Bonard adressait la proclamation suivante au corps expéditionnaire :

« Depuis la prise de Bien-Hoa, quatre mois à peine se sont écoulés ; vous avez pris les forts de Bariah et poursuivi jusqu'au Benthouan l'armée Annamite qui était en déroute, vous avez sans relâche fait la guerre aux pirates et aux rebelles. Vous venez enfin de clore notre campagne d'été par la prise des forts et de la citadelle de Vinh-Long, et vous ne vous arrêtez qu'après avoir détruit dans la province de Mytho les lignes de Tounguiéou, la citadelle de Micoui, plusieurs camps retranchés et après avoir battu et dispersé les nombreuses milices rassemblées de Phuoc-Loc.

» Ainsi, en quatre mois, le corps expéditionnaire de Cochinchine a pris au Roi Tu-Duc deux citadelles, plus de quarante forts ; il a réprimé une insurrection formidable, préparé les voies au commerce de ces riches contrées ! »

Tant de succès devaient avoir un couronnement et lorsque l'Amiral eût envoyé en rade de Hué, *le Forbin*, chargé de son ultimatum, l'Empereur Tu-Duc arriva cette fois à composition et par le traité du 5 juin il nous reconnaissait la possession des trois provinces conquises.

Nous ne nous arrêterons pas à suivre l'Empire de Hué dans les détours de la politique tortueuse qu'il ne cessa d'employer pour tâcher d'éluder ce traité, pour arriver à nous extorquer le rachat des provinces conquises et à réduire notre colonie à un simple comptoir; nous avons hâte d'arriver à la sage décision qui est venue plus tard compléter notre colonie par l'annexion des trois provinces de l'ouest. Cette annexion était indispensable, car ces trois provinces servaient de refuge à nos ennemis qui y organisaient des expéditions contre nous; elles étaient le repaire de pirates; et de plus le passage incessant des mandarins, qui, pour se rendre dans les provinces de l'ouest, devaient traverser nos provinces conquises, était sans cesse la source de machinations contre notre influence et de véritables conspirations auxquelles il était temps de mettre ordre.

Le 18 juin 1867, le Gouverneur Vice-Amiral de La Grandière, accompagné de tout son Etat-Major, quitta Saïgon pour aller prendre possession de ces provinces et pour s'y établir au besoin par la force. Arrivé le 20, devant la place de Cokien, le Vice-Amiral fit sommer les autorités de la lui remettre ; Phan-Tan-Giang, gouverneur-général des trois provinces et le Ton-Dok, gouverneur de Vinh-Long, se rendirent à son bord et firent leur soumission. Le 22, une flottille, sous les ordres du commandant Galey, parut devant Chaudoc, qui ne fit aucune résistance. Le

24, Hatien se rendit également. Les villages n'acceptèrent pas avec moins d'empressement que les villes la domination Française, de sorte qu'en cinq jours notre corps expéditionnaire avait conquis les trois provinces sans coup férir. Si l'on rapproche cette soumission de la résistance énergique qui avait marqué les débuts de notre occupation, il est facile de conclure que les populations avaient formé leur jugement et que, entre la domination autocratique et tyrannique d'Hué et la protection bienveillante de la France, elles avaient vu qu'il n'y avait point pour elles à balancer.

Il restait au gouvernement Français une autre tâche à remplir; celle de faire accepter sa politique au Roi de Siam: un traité fut donc conclu le 15 juillet, entre la France et le Royaume de Siam, dix jours avant la mort du Prince héritier. Le Roi reconnaissait solennellement le protectorat de la France sur le Cambodge et renonçait pour lui et ses successeurs à tout tribut, présent, ou autres marques de vassalité de la part du Cambodge.

Phan-Tan-Giang avait compris qu'avec cette France qu'il avait vue, lors de sa mission à Paris pour l'abrogation des traités, il eût été insensé de vouloir résister, et il n'avait point hésité à se sacrifier seul au bonheur de sa patrie; quelques jours après l'abandon qu'il avait fait entre nos mains des provinces confiées à sa garde, ce Caton de l'Asie s'était donné la mort, témoignant ainsi de son mépris de la vie et d'un courage inébranlable qu'il ne voulait pas commettre en luttant stérilement contre une puissance qu'il savait devoir devenir un bienfait pour sa patrie. Mais les Mandarins n'étaient pas tous animés du même esprit de prévoyance et de sagesse; ils espéraient pouvoir prendre leur revanche.

Pendant que Pou-Khom-Bô, chef de partisans, qui jusqu'alors avait échappé à nos colonnes mobiles, continuait malgré des échecs successifs à tenir la campagne et à inquiéter notre allié le Roi de Cambodge, le parti des lettrés se décida à tenter le sort des armes et ce furent les fils mêmes de Phan-Tan-Giang qui, malgré l'exemple de leur père et les marques de bienveillance de l'administration Française, usèrent de leur influence pour appeler à la révolte les habitants de la province de Vinh-Long.

Les premiers mouvements insurrectionnels se manifestèrent le 9 novembre 1867 à Ba-Tri. Des troupes furent dirigées en toute hâte dans cette direction. Le 12 et le 13, les rebelles furent délogés de Huong-Dien et des environs, et après des actions brillantes et un succès décisif à An-Thoi, à Baothan, le Commandant supérieur de Vinh-Long, M. Ansart eût l'insigne fortune d'attacher son nom aux faits de guerre qui devaient clore la brillante série de nos exploits et assurer notre domination incontestée dans les six provinces.

Quant à Pou-Khom-Bô, il fut bientôt tué par la population elle-même : sa tête immédiatement envoyée au Roi de Cambodge fut exposée pendant plusieurs jours et le pays se trouva par là délivré d'un chef audacieux qui aurait pu, par ses attaques sans cesse renonvelées, le troubler profondément.

Tel est, dans sa sèche et rapide simplicité, l'historique de cette conquête de Cochinchine que nous eussions aimé à raconter en détail pour détruire la funeste illusion de ceux qui se plaisent à ne voir dans les Orientaux que des adversaires méprisables et indignes de nos armes. A ceux qui douteraient de l'énergique résistance de la Cochinchine, de la terrible influence d'un climat torride, ennemi des expéditions de guerre, nous signalons le long et sanglant obituaire des Français, qui ont succombé sur ces rives lointaines, que M. L. Pallu a consigné, comme un glorieux monument, dans son histoire de l'expédition..... Nous leur dirons nous aussi avec la dépêche de l'Amiral Rigault du 29 janvier 1859 : « Le Gouvernement a été trompé sur la nature de cette entreprise en Cochinchine; elle lui a été représentée comme modeste : elle n'a point ce caractère ; on lui a annoncé des ressources qui n'existent pas, des dispositions chez les habitants qui sont tout autres que celles prédites ; un pouvoir énervé et affaibli chez les Mandarins : ce pouvoir est fort et vigoureux ; l'absence de troupes et d'armée : l'armée régulière est très nombreuse et la milice comprend tous les hommes de la population ! »..... Là, ce n'étaient ni les batailles avec leurs plans préconçus et arrêtés, ni la stratégie, ni les chances équitables de la victoire ; l'ennemi à combattre en Cochinchine, c'était l'inconnu vers lequel il fallait marcher inconsciemment et dans une incessante perplexité ! Joignez à cela les fléaux épidémiques, triste cortége des armées en Orient, côté lugubre et navrant de ces expéditions lointaines : avec l'ennemi du moins, on lutte corps à corps, mais qui pourrait se raidir contre ces terribles fléaux, invisibles fantômes, qui s'abattent sur nos armées et les déciment sans gloire !

Dans ces campagnes héroïques, nos troupes ont dû, journellement, au courage guerrier, qui fait les soldats invincibles, joindre la patience, la sobriété, l'austérité du philosophe et ce n'est pas sans raison que les glorieux survivants de ces étapes meurtrières pourront avec un légitime orgueil, s'appliquer ces mots d'une autre époque et dire comme un titre de gloire : « J'étais de l'armée d'Orient ! »

X.

LA COCHINCHINE AU POINT DE VUE STRATÉGIQUE ET MARITIME.

Mais cette riche colonie que nos armes ont conquise, nos armes pourraient-elles, sans trop de sacrifices, la conserver ; pourraient-elles, sans des renforts et un déploiement supplémentaire de forces, la maintenir, en cas de conflagration en Orient ?

Sans nous retrancher derrière notre juste susceptibilité nationale, qui écarterait tout d'abord une telle hypothèse, nous devons déclarer que, posée ainsi, la question mérite qu'on l'étudie et qu'on la résolve : hâtons-nous toutefois de dire qu'elle peut l'être, à l'entière satisfaction et des intérêts et du patriotisme de la Métropole.

Jamais en effet colonie ne se présenta, sous un aspect stratégique aussi excellent pour la défense, que la Cochinchine Française.

Baigné sur deux de ses faces par la mer, à l'est et à l'ouest, le delta Cochinchinois, par cette double frontière maritime ne saurait être exposé qu'au deux alternatives d'une attaque ou d'un blocus.

Pour une attaque, les ports et les points fortifiés de la côte, sont dans des conditions de défense exceptionnelles: Hatien, sur le golfe de Siam, n'est point accessible aux navires d'un grand tirant d'eau, Winhlong se trouve au fond d'un fleuve rempli de bas fonds, d'atterrissements et d'ilots considérables ; Mithô, relégué au fond d'un bras de fleuve, d'un accès difficile, est protégé par une île bien défendue ; Baria est sous le feu protecteur du Cap Saint-Jacques ; Saïgon enfin, retranché au fond de l'estuaire du Donnaï, comme Londres pour la Tamise ou Paris pour la Seine, est une station de guerre, d'une défense facile, et réellement imprenable, avec le secours d'une division navale de force même médiocre, d'autant que des cours d'eau, qui y conduisent, la majeure partie est obstruée, à de grandes distances de leurs embouchures, par des bancs de sable et que le Donnaï seul est navigable, mais seulement à la condition qu'on soit guidé par des pilotes.

Un blocus est encore moins à craindre pour une terre, qui, comme la Cochinchine sert de grenier aux pays limitrophes et qui, à plus forte raison, peut se suffire à soi-même: le blocus maritime serait donc sans effet.

Restent les frontières du Nord et de l'Est : mais le Camdodge est notre allié ; nous le tenons par les débouchés de ses fleuves ; il relève de notre protectorat qui lui est indispensable contre le Siam et le royaume d'Hué ; mais l'Annam, dont nous sépare une frontière montagneuse, facile à surveiller, est tributaire de notre Colonie pour son alimentation première ; et les attaques, sans cesse menaçantes pour lui, du Tonquin au nord, le résultat surtout de notre dernière conquête, opérée sans coup férir, suffisent à démontrer, pour lui l'inanité d'un recours aux armes, pour nous, l'inutilité d'un déploiement excessif de forces militaires.

Quant à l'intérieur, maintenant que les causes d'excitations ont disparu avec l'influence Annamite dans les trois provinces de l'ouest, maintenant surtout que la population se rend compte des éléments d'ordre, de prospérité et de richesse que lui a assurés ou apportés l'influence Française, l'effectif des troupes ne doit pas être bien considérable.

Il est donc permis de dire que les forces de terre et de mer, qui sont actuellement en Cochinchine, sont en état de parer à tout et que, même sans nuire en rien, cet effectif pourra être ultérieurement réduit.

Et quand on se rend compte que les dépenses de notre garnison de terre et de mer sont les seules qui incombent à la Métropole ; quand on met en parallèle les sacrifices énormes que s'impose la France, depuis plus de quarante ans, sans compensations sensibles, pour notre colonie d'Afrique ; quand on se dit avec raison que, si l'Algérie est nécessaire à la France comme champ d'épreuves pour notre armée de terre, la Cochinchine n'est pas moins indispensable, comme école pratique, à l'essor de notre marine; quand on considère qu'il est aussi insensé de compter sur une marine sans colonies que sur des colonies sans marine, puisque les colonies sont l'auxiliaire-né de la marine de guerre et la cause du développement de la marine marchande; quand on arrive enfin à se dire que l'entretien du personnel et du matériel de notre marine Cochinchinoise n'incomberait pas moins à la métropole, en l'absence de la Colonie, puisque l'effectif et le matériel ne feraient que changer de station et demeureraient inactifs et en pure perte dans nos ports, on est amené facilement à conclure que, dût notre occupation Cochinchinoise incomber même lourdement à notre budget, on ne devrait point décliner une dépense qui assure notre influence en Orient et qui y contrebalance efficacement l'influence Anglaise.

Une nation telle que la France, ne saurait compter pour rien à l'étranger cette influence dont elle est si jalouse sur le continent. Or il n'est pas douteux que, en cas de guerre, on verrait se grouper autour de nous et s'abriter sous notre pavillon les navires des puissances de second ordre, de la Hollande, de l'Espagne, du Portugal, qui ont des comptoirs ou des établissements en Orient, et ceux des autres puissances, qui n'ayant point le pied dans ces contrées les fréquentent pour leur commerce: et ces derniers ne sont pas en nombre médiocre, car nous relevons dans le mouvement annuel du port de Saïgon, la présence régulière de navires Brémois, Danois, Hambourgeois , Meklembourgeois , Norwégiens , Hanovriens , Oldembourgeois, Suédois, Belges.

N'est-ce pas un noble rôle et en même temps une mission en rapport avec nos aspirations traditionnelles que de protéger ces diverses nationalités qui, en temps de paix, se groupent autour de nos établissements, contribuent à leur prospérité, et, en temps de guerre, leur prêteraient évidemment l'appui de leur neutralité ou de leur concours.

La fondation de la puissance Française en Orient était, on le voit, un fait capital, d'une absolue nécessisté ; il n'est pas moins bon que sa stabilité soit démontrée à l'évidence, car il importe à tous non seulement d'avoir confiance dans le présent mais foi dans l'avenir : il y a donc quelque utilité à affirmer à la France, aux nations qui gravitent autour d'elle, que notre colonie de Cochinchine n'est pas éphémère et que la force de la guerre qui l'a mise entre nos mains l'y maintiendrait, en toutes éventualités. Nous allons démontrer que la même vitalité se déduit de l'administration intérieure de notre Colonie.

XI.

LA COCHINCHINE AU POINT DE VUE ADMINISTRATIF ET JUDICIAIRE.

La stabilité que notre établissement colonial doit acquérir de notre position stratégique résulte aussi manifestement de son régime administratif et judiciaire.

« La conquête, a dit une voix bien autorisée, en parlant de notre colonie d'Algérie, doit être une rédemption. Lorsque les Arabes auront la propriété transmissible, lorsque les émigrants trouveront, en Algérie, les mêmes institutions qu'en France, de nouveaux arrivants féconderont ses rivages. (*) »

Or ce que l'Empereur considérait comme la chose la plus désirable pour l'Afrique Française, et n'entrevoyait même que dans un avenir lointain et comme un idéal, les circonstances les plus heureuses le réalisaient presque spontanément en Cochinchine : c'est que, de longue date, l'influence française s'était fait sentir dans l'Annam et remontait à l'intervention de ces

(*) S. M. Napoléon III.

dévoués auxiliaires de Gia-long, dont nous avons parlé succinctement et dont la trace féconde a été conservée, par un sentiment tout filial, dans le travail remarquable d'un descendant de l'un des plus éminents d'entre eux. (*) »

De cette ingérence Française du siècle précédent, l'administration militaire n'a pas été sans recueillir les fruits lorsqu'elle a mis la main sur les citadelles de Hatien, de Chaudoc, de Vinh-long, de Bien-hoa, de Saïgon, qui sont la clef du pays, et forment un cordon infranchissable de forteresses, pour la place desquelles il eut été difficile de faire un meilleur choix ; l'administration civile ne doit pas être moins reconnaissante envers ses devanciers de l'héritage précieux, qu'elle recueillait d'eux à son arrivée, et qui la mettait tout d'abord, sans innovation aucune, en possession d'un système de rouages administratifs absolument identiques à l'organisation de la France.

Ainsi, en plantant son drapeau sur le sol de la Cochinchine, le Gouverneur Français y trouvait deux éléments en plein fonctionnement : l'un, le Mandarinat, délégation de la Couronne ; l'autre, le pouvoir Communal, représentant la cité, quelque chose comme l'échevinage des vieilles cités flamandes, au moyen-âge.

Le sage esprit du gouvernement fut de respecter l'existence parallèle de ces deux pouvoirs

(*) Michel Chaigneau; souvenir de Hué.

pondérateurs : aux Mandarins, qui représentaient le Gouvernement déchu et qui disparaissaient avec lui, succédaient tout naturellement des fonctionnaires Français; la Commune au contraire, subsistant et se ralliant franchement au Gouvernement nouveau, demeurait avec ses prérogatives et ses charges.

Nous trouvons donc au sommet de l'administration Cochinchinoise le Gouverneur, représentant le pouvoir Souverain, dont il est le plus haut délégataire; au-dessous de lui et sous son autorité immédiate, la Direction de l'Intérieur, centralisant, depuis 1864, le pouvoir civil, et rayonnant jusque dans les provinces par ses inspecteurs : voilà pour la représentation de la Couronne. A côté, et comme transition, les Quan-huyens ou Quan-phu, à nomination du Gouverneur, sortes de préfets à la solde de l'Etat, transmettant les ordres de l'autorité Française aux chefs de cantons, ou sous-préfets (Thong), aux maires (Xa) et aux notables des communes. Ajoutons que, par un cumul rendu indispensable, comme suite du petit nombre de fonctionnaires, aptes, au début, à parler la langue, et comme tradition des choses établies, les Inspecteurs joignent aux fonctions administratives la connaissance des délits et contraventions, des affaires civiles et commerciales entre Européens, et l'instruction des affaires criminelles. Au dessus d'eux, pour les procès et jugements dont l'importance ou l'amende excède une certaine valeur, siège une commission d'appel, de laquelle font partie des notables indigènes, et qui éclaire la religion du Gouverneur, appelé à prononcer en dernier ressort.

Rien de simple, par conséquent, et, en même temps, rien de logique comme cet enchaînement, qui fait découler et remonter, par une sage combinaison de centralisation et de décentralisation administratives, un double courant de rapports entre l'administration et les administrés, entre le pouvoir et la commune.

Ainsi se trouve réalisé pour la Cochinchine le vœu formulé par le Souverain en faveur de l'Algérie : il en est de même pour la transmissibilité de la propriété.

La famille et la propriété sont fortement constituées en Cochinchine et c'est sur ces deux bases éternelles de toute société et de tout bon gouvernement que repose l'organisation de la commune Annamite. Le propriétaire seul, l'inscrit, c'est à dire, celui qui paie la capitation est électeur, nomme le conseil des notables, est apte à en faire partie et à délibérer comme tel sous la présidence du maire nommé à l'élection. On comprend dès lors facilement combien les habitants de la commune sont jaloux de cette inscription, qui consacre leur existence politique. On comprend également quel soin met la commune à n'admettre à l'inscription que des hommes qui lui présentent toute garantie : de là, pour l'administration centrale, des probabilités considérables en faveur de l'exactitude du registre, qui sert de base à l'impôt, au double point de vue de la difficulté de la fraude et d'un contrôle mutuellement envieux ; de là, dans un avenir prochain, la perfectibilité du cadastre, de là aussi la confiance à avoir dans les milices indigènes, qui se recrutent uniquement parmi les inscrits ou leurs fils, c'est à dire parmi des hommes dont les biens saisissables garantissent et la présence et la fidélité.

C'est également devant les autorités communales que sont passés, entre les indigènes, les contrats ou les actes portant mutation de propriété, les transmissions et héritages dont la transcription littérale, dans les deux langues, est conservée à l'enregistrement de l'inspection, moyennant une faible redevance, qui tourne ainsi au bien de tous. Il y a donc là un résultat considérable, acquis, et il y a beaucoup à espérer d'un pays, où les indigènes tiennent au sol ; où la propriété foncière est solidement établie, régie par des lois sages, garantie par des actes authentiques ; où chacun peut posséder sans distinction de nationalité, de priviléges, de caste ni de rang.

Enfin l'impôt, pour être fixé par l'administration centrale, n'en est pas moins discuté, contrôlé et accepté par le conseil des notables, chargé de sa perception et de sa rentrée dans les caisses de l'Etat.

La Commune forme donc un tout homogène, un être politique, ayant son existence propre et servant de contrepoids à l'action du pouvoir central. Par contre, chaque commune est une alvéole féconde, où s'élabore en faveur de la Métropole, et en échange de la sécurité qu'Elle assure à la Colonie, une somme considérable de revenus, destinée à tourner au bien général, à dégréver le pouvoir des frais de son immixtion, et à lui permettre de réaliser, presque indemne, le problème si longtemps désiré par Elle, si coûteux pour d'autres, de l'influence en Orient. Dans cette mutualité, dans cette connexion d'intérêts, qui, tout en tendant à désintéresser de plus en plus le budget métropolitain, assure à la commune Annamite une organisation libérale et modelée sur celle de la commune Européenne, nous voyons et nous aimons à signaler un des caractères les plus distinctifs de la colonisation Française et en même temps un des éléments les plus sérieux pour l'assimilation de la Colonie.

XII.

LE PROTECTORAT DU CAMBODGE.

Il est à peine besoin d'indiquer l'importance, qu'il y a par une colonie lointaine, à avoir sur ses frontières, au lieu de voisins ennemis ou suspects, des alliés et des obligés: telle est notre situation vis-à-vis du Roi Norhoddon, qui a sollicité et obtenu, pour son Royaume, le protectorat de la France.

Nous avons déjà tracé la position géographique de la Cochinchine Française: il suffit de jeter les yeux sur la carte de ces contrées pour se bien rendre compte de la position relative de Cambodge.

Resserré au nord et à l'est, entre le Siam et l'Empire d'Hué, ses ennemis-nés, le Cambodge n'a d'autre issue que la mer ou les possessions Françaises. Mais le golfe de Siam est presque constamment inaccessible par suite du peu de profondeur des eaux et par l'effet des moussons et des courants. Les jonques indigènes ne pourraient donc s'y hasarder, qu'avec grand danger et sans bien grandes compensations, pour servir d'intermédiaires entre la côte et les navires, qui forcément demeureraient arrêtés à des distances considérables. Le petit port de Kampot est à peine visité par quelques vaisseaux de Singapore et ne trouve de débouchés que dans la fréquentation des jonques Chinoises, qui viennent, par un assez long détour, s'y approvisionner de riz. Ce petit port, qui doit ses visiteurs actuels à l'unique certitude d'y trouver des approvisionnements, qui lui feront défaut, le jour où ils auront avantage à s'écouler ailleurs, n'est donc destiné qu'à décroître et c'est en vain qu'on a prétendu qu'il pouvait arriver, par des influences Anglaises , à détourner à son profit une partie notable du commerce du Cambodge. Ce commerce, tout l'appelle vers notre Colonie ; c'est vers elle que le portent, avec le cours naturel des eaux, ces admirables déversoirs du grand-lac et du grand-fleuve, à l'entrecroisement desquels Phnom-Penh , où le Souverain actuel a transporté, par une sage intuition des intérêts du pays, sa résidence royale depuis 1866, devient le centre et l'entrepôt naturel des diverses productions du haut-Cambodge.

Sûrs de trouver dans cette ville, à l'ombre tutélaire du pavillon Français et sous la juridiction du commandant de la station navale, qui y représente le protectorat Français, la sauvegarde de leurs droits et de leurs intérêts, plusieurs négociants Français s'y sont déjà fixés et leur nombre ne peut que s'accroître. La valeur personnelle des hommes choisis par le

Gouvernement pour cette mission de premier ordre ; l'activité, l'intelligence et les connaissances spéciales du Représentant actuel de la France au Cambodge, M. Moura, nous sont garants de l'ère de prospérité qui s'ouvre pour cette riche succursale de notre Colonie.

Il n'y a nul doute que, en présence des pêches merveilleuses du Grand-lac, de l'état précaire, de l'insuffisance et de la nature des arrivages du sel que notre colonie envoie de ses salines de Bien-hoa, de Baria et de Ba-Xuyen, l'intelligence commerciale ne vienne profiter de la concession que la France possède sur la rivière d'Oudon et sur le Grand-fleuve pour y établir des entrepôts de sel, dont l'écoulement assuré couvrirait en quelques mois, avec des bénéfices extraordinaires, les frais généraux de toute une année. Rien en effet n'est prodigieux comme ces pêches, franches de droits, pour les quelles, dans un rayon considérable, tout le Cambodge quitte ses occupations et ses travaux ordinaires pour devenir momentanément pêcheur, avec la certitude de trouver dans le produit d'un travail facile, une rémunération telle que l'on voit des emprunts, en vue de cette exploitation, se traiter à cent pour cent et donner encore un bénéfice important. Car, si la moisson est facile, l'écoulement des produits ne l'est pas moins : fumures, salaisons, nuocman, eau de caviar fort estimée dans l'Annam, s'accumulent sur ces vastes barques Cambodgiennes, espèces de magasins flottants, qui descendent, en trains serrés, soit par le Hau-giang jusqu'à Chaudoc, mais plus souvent par le Tien-giang au marché important de Sadec, à Vinh-long, à Mitho, pour remonter, par la magnifique arroyo de la Poste, à Tan-an, à Cho-lèn et à Saïgon.

Les produits de la pêche ne sont pas d'ailleurs les seuls éléments de trafic que le Camdodge échange ainsi avec notre Colonie. Outre les cours d'eau des Quatre-bras ou des Gouttes-d'or, les deux Vaïcos sont fréquemment sillonnés par les jonques Cambodgiennes : le coton à courte soie, le tabac, le sésame, le cardamome, le poivre, le sucre ou sirop incristallisable du palmier, le riz, la gomme-gutte, l'indigo, les bois de teinture, d'ébénisterie, de construction, sur lesquels notre gouvernement à un droit de coupe, dont il n'use qu'avec un sage discernement, les pelleteries, la cire, la soie, les ivoires, monopole exclusif du Roi, et parfois des troupeaux entiers de bœufs forment la base principale d'apports qui pourraient être bien plus considérables encore et le seront certainement à la faveur de notre protectorat.

Déjà, point important, les échanges entre le Cambodge et l'Annam, autrefois à la merci d'attaques d'audacieux pirates, se font dans des conditions parfaites de sécurité , et les barques de commerce se retranchent derrière l'escorte Française et les canonnières qui, à époque fixe, ouvrent et ferment la marche des trains vers le Cambodge qu'ils protégent jusqu'à leur destination L'exploration de la vallée et du cours du Cambodge , en révélant des nouvelles richesses de toute nature, appelle de plus en plus l'attention du commerce et de la science vers des contrées, où nous devons tendre à exercer une influence politique et commerciale, d'autant plus grande que ce pays paraît appelé à devenir ultérieurement l'intermédiaire de la Chine avec l'Europe : c'est dans ce sens qu'on attache , à juste titre, un prix considérable aux études du regretté M. de Lagrée et de ses compagnons, à celles de M. Goubeaux, l'un des premiers explorateurs des retraites des Moï et des Stiengs et aux documents nombreux et intéressants , apportés du Laos par MM. d'Arfeuille et Rheinart, investigateurs aussi intrépides que coopérateurs dévoués de l'œuvre des inspections.

Tous ces explorateurs sont unanimes à nous signaler, dans les tribus relevant du Cambodge , comme nous la trouvons dans le Cambodge même, une race toute différente de la race Annamite, plus robuste , mieux constituée, plus loyale, moins portée vers le vol, mais peut être aussi plus indolente. Cette indolence cèdera , il n'en faut pas douter, devant l'appât de rémunérations attrayantes et surtout devant le besoin de bien-être que le contact d'une colonie prospère imposera comme une nécessité. Avec les besoins augmenteront la nécessité de ressources nouvelles et par suite l'activité et le travail ; nous trouverons donc alors , dans cette population vigoureuse, non-seulement une source nouvelle d'exploitation du sol Cambodgien, mais même un appoint facile et peu coûteux pour la colonisation des terrains vierges et féconds que la Cochinchine Française offre encore en grand nombre et où l'homme n'a, pour ainsi dire, qu'à semer pour récolter.

Il faut en outre compter sur les réformes qu'introduira fatalement le Roi actuel dans le régime intérieur de son Royaume. Au contact de l'organisation libérale de la Cochinchine, à la fréquentation et aux conseils des représentants du Protectorat Français, choisis parmi l'élite de nos Officiers de marine les plus distingués, le Roi du Cambodge comprendra qu'il y a quelques innovations à introduire, quelques concessions à faire dans un pays, où le sol entier appartient encore au Roi et où le monopole des produits les plus estimés, l'ivoire, le cardamome, le bois d'aigle, revient de droit au Souverain: quelle initiative peuvent prendre, en présence d'une telle organisation, l'agriculture et le commerce!

Quoiqu'il en soit de cette éventualité désirable, le Protectorat du Cambodge doit être, même dans l'état actuel des choses, considéré comme une cause de prospérité et d'avenir pour la Colonie Française : pays riche et fécond en exportations de tout genre,— administré par un Souverain, jeune et intelligent, qui doit à la France son émancipation du Siam, son action sur son peuple même, — le Cambodge offre à notre

Colonie des avantages considérables en échange d'un protectorat peu astreignant et peu onéreux, puisque la seule résidence à Phnom-penh d'un représentant, sous la sauvegarde de la canonnière qu'il commande, nous assure en échange tout le commerce du Cambodge et nous garantit le droit de justice pour nos nationaux.

Nul doute que l'Empereur d'Hué, actuellement fixé sur la stabilité de l'influence Française dans ses anciennes provinces, ne serait aussi très disposé à solliciter notre protectorat ; mais toutes autres sont les conditions. L'Empire d'Hué a en effet, au nord de son territoire, les populations Tonkinoises, très remuantes, et qui pourraient, à un moment donné, entraîner le pavillon protecteur dans l'aléa d'expéditions dangereuses et dans la certitude de dépenses considérables. La bonne foi du Gouvernement d'Hué a été mise à l'épreuve par nous précédemment, et il est heureux que sa puissance ne soit pas à la hauteur de ses rancunes. La neutralisation de son action, par la crainte incessante de ses frontières du nord, est chose meilleure que l'éventualité d'un protectorat, qu'Il devrait, en tout état de choses, compenser par d'importants subsides, éventualité d'ailleurs que nous n'avons soulevée qu'incidemment et pour faire mieux ressortir, par le contraste, les avantages réels de notre alliance avec le gouvernement loyal et dévoué du Cambodge.

Ce dernier reconnait de plus en plus l'utilité de notre intervention : Sans parler de l'investiture qui lui a été donnée, en grande pompe, le 3 juin 1864, et qui a joué un rôle décisif sur les imaginations Orientales chez lesquelles le sacre a encore de ce prestige qu'il eut si longtemps chez nous-mêmes, le Roi Norhoddon a tenu à venir reconnaître en personne la souveraineté de la France, et, du voyage, qu'il fit à Saïgon, il a reporté dans ses Etats le souvenir de nos institutions ; les membres de sa famille ont, par Lui, été envoyés officiellement aux Expositions annuelles de Saïgon et de plus les occasions sont fréquentes, pour son Royaume, de sentir l'action de la France.

C'est ainsi que, tout récemment encore, au commencement de la présente année, des lettres de Bangkok nous apprenaient que le Gouvernemen Siamois venait de donner complètement raison aux réclamations, qui lui avaient été adressées par le Gouvernement Français, au sujet de la question des douanes entre le Cambodge et le Siam. En conséquence le Régent décidait qu'Il enverrait à Saïgon un plénipotentiaire, muni de pouvoirs nécessaires, pour traiter avec M. le Contre-Amiral de Cornulier-Lucinière, Gouverneur, chargé de représenter la France dans les négociations ; et à cette occasion, le Régent renouvelait les assurances du dévouement du jeune Roi et les siennes pour l'Empereur et la nation Française.

L'alliance mutuelle d'Etats, jusqu'ici divisés si profondément, affirme publiquement dans l'Indo-Chine, l'influence Française ; et notre autorité, en rejaillissant sur nos protégés, ne peut que gagner elle-même à la réciprocité de bons offices et à la stabilité du protectorat.

XIII.

Bienfaits de la Conquête.

Si la Conquête Française a été un bienfait pour le Cambodge, elle l'a été, à un degré bien supérieur encore, pour la Cochinchine elle-même.

Les bienfaits de la Conquête ont été la conséquence de la manière large dont la France a compris le système de colonisation à appliquer dans notre nouvelle possession d'outre-mer. Entre les systèmes d'ailleurs, qui s'offrent à Elle, le choix de la France n'est jamais libre : il lui est dicté par une politique généreuse, par ce qui, chez les particuliers, s'appellerait le cœur, et ce qui, chez les nations, se nomme et constitue la fibre nationale.

Lorsqu'on étudie les systèmes de colonisation des divers âges et des divers peuples, on voit que certains ont procédé, par extermination et par refoulement : c'est le système des temps anciens en général, c'est le système actuel des Américains et des Anglais dans l'Amérique du Nord et l'Australie. Ce procédé barbare, inintelligent, indigne à tous égards du nom de colonisation et qu'on pourrait plus justement nommer un fait brutal qu'un système, ce procédé qui n'est que la substitution d'une race à une autre, du vainqueur au vaincu, que la continuation de ce cataclyme néfaste que l'Histoire a flétri, au cinquième siècle, du nom d'invasion des barbares, est absolument indigne de la France. Sans doute, quand l'envahisseur est intellectuellement supérieur à la race refoulée, la diffusion et l'irradiation de cette supériorité sont déjà un résultat considérable; mais le fait de l'annihilation d'une race ne subsiste pas moins, comme une atteinte inique au droit des peuples; comme un forfait aux devoirs de la civilisation : ce procédé ne saurait donc être celui de la France.

Un autre procédé, séduisant pour le positivisme et pour la satisfaction d'appétits matériels qui, de l'individu, passent et s'incarnent, par une résorption contagieuse, dans le tempérament de certaines nations, consiste à considérer la race conquise comme un produit exploitable, corvéable à merci, et à lui faire rendre le plus possible au profit du vainqueur : c'est l'ilotisme Laconien ; c'est le système suivi aux Indes Anglaises par l'Angleterre, quoique l'Auteur du Voyage autour du Monde voie la liberté dans les Colonies Anglaises ; c'est le système pratiqué par les Hollandais aux Indes Néerlandaises , « où l'on ne veut faire des populations que des esclaves , des instruments de production au profit du gouvernement ; (*) » système vicieux, qui ne peut

(*) M. le Comte Le Hon, *Corps Législatif, 7 mars 1870.*

s'imposer et durer même provisoirement que par la compression et l'obscurantisme ; système égoïste, cruel, et partant réprouvé par nos instincts généreux.

Reste le système d'assimilation, celui qui voit dans le vaincu de la veille, l'allié du lendemain ; celui qui voit dans le deshérité et le paria le membre de la famille humaine, ayant droit à participer aux bienfaits de la civilisation et à se régénérer : Est-il besoin de dire que c'est cette politique du cœur qu'a suivie et appliquée, en Cochinchine, notre Gouvernement.

Nous avons exposé ailleurs comment le Gouvernement avait compris cet esprit d'assimilation en maintenant aux Communes leur existence propre et en se bornant à affirmer son autorité, parallèlement à l'action indigène, par la substititution des Inspecteurs Français aux Mandarins Annamites, qui jusqu'alors avaient été, sous le nom d'intermédiaires entre les populations et le pouvoir, les organes les plus excessifs de concussion et de vexations.

Le moment est venu de rendre hommage à la virile organisation et aux ressources multiples de notre corps de marine qui, de prime-saut et sans transition, a pu recruter dans son sein, et fournir à notre Colonie les éléments les plus sérieux d'une administration civile. De longue date habitué à l'administration Coloniale, le corps de marine, qui se glorifie, non sans justes raisons, de posséder, à un si haut degré, les éléments les plus variés et les plus solides de connaissances professées par un personnel d'élite , n'avait qu'à puiser parmi ses éléments et qu'à s'inspirer des traditions que lui avait léguées un passé glorieux, pour mettre l'esprit d'organisation de la Colonie au niveau de la sûreté de décision et de la valeur qui en avaient assuré la conquête.

Ce fut pour les Indigènes un coup bien terrible et vraiment décisif, porté à la fausse science des mandarins et à leur prestige usurpé, que de voir des jeunes chefs militaires succéder en maîtres à de vieux fonctionnaires pleins d'une morgue que leur inspirait à tort un vain bagage de formules inintelligibles ou surannées, et les suppléer victorieusement dans l'interprétation d'une loi souvent difficultueuse et d'usages compliqués. Mais la supériorité de l'administration Française s'affirma surtout quand on vit à l'arbitraire et aux exactions succéder l'application raisonnée, loyale désintéressée du code Annamite ou de la loi Française, au choix du prévenu.

L'esprit public commença aussi à s'élever et à prendre des idées plus justes de la dignité individuelle , lorsque la loi Française, étendant à tous les immunités de notre code, supprima les peines corporelles et les tortures préventives de la question.

L'estime pour le caractère Français s'accrut bien plus encore à la suppression des cadeaux aux fonctionnaires, dîme extra-légale, qu'avaient abusivement introduite en fait les anciens huyens Annamites, dont les appointements étaient tellement minimes, puisqu'ils atteignaient à peine par mois cinq francs de notre monnaie, qu'on arrive, sinon à excuser, du moins à comprendre qu'ils aient ainsi imposé à leurs administrés un tribut, de ce dont ils avaient besoin, et qui excédait de beaucoup le chiffre de l'impôt. Ce qui, chez le fonctionnaire Annamite, était admis et presque légitime, trouvait, dans notre code et dans les consciences Françaises, une répression et une réprobation formelles et, avec le départ des mandarins, la concussion fut bannie de notre Colonie.

L'établissement de la justice sur cette terre où prévalaient l'iniquité, les exactions et la force, aura été l'un des bienfaits capitaux de notre colonisation et l'on ne saurait trop louer tous ceux qui, dans ces lointaines régions, ont aidé à restaurer le culte du juste, depuis le modeste prétoire des Inspecteurs jusqu'aux tribunaux supérieurs d'appel et de la Cour Impériale. A défaut de pouvoir nommer tous ces loyaux et dévoués coopérateurs de la grande cause, qu'il nous suffise de citer, à côté du nom de M. Vial, un des hommes qui connaissent le mieux la Cochinchine, homme ferme et juste, admirablement au courant des désirs et des idées des Annamites, ceux de MM. D'Arfeuille et Rheinart, que nous avons déjà signalés au cours de cette étude, comme ayant rapporté de leur voyage au Laos les documents les plus intéressants et comme les auxiliaires les plus dévoués des Inspections; citons aussi M. Piquet, trop tôt parti de notre Colonie ; M. Philastre, l'une des lumières de la justice indigène ; le maire de Saïgon, Turc et M. le Procureur-général Conquérant, homme du plus grand mérite, promu récemment par une sage entente des besoins coloniaux, à la Cour de la Guadeloupe qui envoyait en échange , à notre Colonie de Cochinchine, M. Dain , magistrat déjà versé dans les affaires Coloniales.

Après ces immenses bienfaits de la consolidation de la vie communale , de l'établissement régulier de la justice , nous ne ferons que passer sur les bienfaits d'une organisation militaire, forte et simple à la fois, de l'équilibre du budget , et des progrès de toute nature réalisés en matière industrielle, commerciale et agricole , points sur lesquels nous aurons à revenir. Avec non moins de raison, n'insisterons-nous pas sur les bienfaits généraux qui accompagnent , comme cortége obligé, l'intervention d'une nation avancée en civilisation : l'affermissement de la sécurité individuelle et générale , l'amélioration de la viabilité et de la canalisation, l'établissement des postes, du service télégraphique, l'introduction de l'imprimerie, embryon fécond et auxiliaire futur de la diffusion de notre langue et de nos sciences, et tant d'autres améliorations matérielles d'une incontestable utilité, mais qui s'effacent, pour nous, devant des considérations d'un autre ordre, car, ce à quoi nous tenons à nous attacher avant tout, dans cette étude, c'est à indiquer les bienfaits moraux de la conquête.

L'un de ces bienfaits le moins contestable c'est l'accès à la vie publique récemment ouvert à la Colonie. Pénétré des principes de liberté dont l'Empereur faisait l'application en France, et qui devaient y aboutir au fonctionnement régulier du régime parlementaire, l'Amiral Gouverneur Ohier, de concert avec le Département de la Marine, puisant dans l'élément libéral de nouvelles sources de développements pour le Pays, accordait récemment aux villages la nomination de délégués, auxquels il devait demander leur avis sur les modifications à apporter aux différentes branches de l'administration de nos districts, et, perfectionnant l'organisation municipale de Saïgon, substituait à la Commission, qui jusqu'alors avait été à la nomination exclusive du Gouverneur, un Conseil municipal, dans lequel, — premier germe d'une liberté, susceptible d'acrroissements ultérieurs, — la population pouvait faire entrer à l'élection la majorité des membres.

Dans les villages, les classes inférieures, jusqu'alors complètement tenues à l'écart des questions publiques furent vivement touchées de l'honneur qu'on leur faisait, et la population Annamite, dont le caractère sérieux et réfléchi, saisissait toute la portée de cette réhabilitation pour elle, de contrôle pour le fonctionnaire, qui l'armait d'un moyen de témoigner de son estime aux notables qu'elle nommerait, montra hautement sa reconnaissance et son amour pour la vie publique en prenant une part active au vote.

Quant au Conseil municipal de la Capitale, dont la nomination partielle revenait, avant tout et de droit, au commerce, si les Annamites n'étaient pas encore admis à y concourir par leurs votes, du moins une sage entente des intérêts de tous leur accordait-elle l'éligibilité. Le Gouverneur, en se réservant le choix d'une moitié du Conseil, s'arrogeait très judicieusement le droit d'y introduire des résidents Chinois ou autres étrangers de race Asiatique, qui, incapables d'être nommés par le Corps électoral, pouvaient représenter certaines aspirations de la population, de même que l'élément fonctionnaire y représenterait, à côté des désirs et des besoins de la Colonie, les intérêts antérieurs et sacrés de la Métropole. En un mot, dans son organisation actuelle, le Conseil municipal représente tous les intérêts et toutes les fractions de la population ; mais avant tout, en admettant les Annamites à siéger à côté de nos élus, à voir par conséquent, avec quelle sollicitude et quelle abnégation, nous nous occupons des intérêts de la Colonie, M. le Gouverneur Ohier a doté la Colonie d'un des éléments les plus sérieux de ce travail d'assimilation qui se fait avec autant de rapidité que de sûreté chez les Annamites au point de vue de nos mœurs de notre civilisation et de nos tendances.

Que si l'on s'étonne de la rapidité avec laquelle s'est produit l'essor de cette prospérité de notre Colonie de Cochinchine qu'on serait tenté de comparer à la croissance exubérante des végétations tropicales de son sol privilégié, le secret de ce rapide établissement, prodigieux, dans l'histoire des Colonies du Monde entier, ne reçoit-il pas son explication de la série ininterrompue et pour ainsi dire prédestinée des hommes supérieurs qui ont présidé à la direction de ses affaires ? C'est d'abord le vainqueur de Canton, l'Amiral Rigault de Genouilly qui peut revendiquer l'honneur d'avoir le premier eu l'intuition de la position exceptionnelle de Saïgon et d'y avoir jeté les bases de notre occupation; c'est l'Amiral Page, qui le premier reconnut le Cambodge, qui désigna le terrain sur lequel les Français devaient rester désormais établis, qui traça les lignes de défense, prescrivit la construction de logements, de magasins, d'hôpitaux et ouvrit le port de Saïgon au commerce; c'est l'Amiral Charner, l'héroïque Commandant du *Napoléon*, sous le feu du fort Constantin à Sébastopol, le vainqueur de Tong-Keou, de Ki-hoa et de My-thô ; c'est l'Amiral Bonard, le vainqueur de Go-cong, de Bien-hoa, de Long-lap, de Phuc-to et de Vinh-long ; aussi large, dans l'attaque et la conquête que dans les dépenses d'installation et qui traça, à Saïgon, le pontœrium d'une capitale digne de la France; c'est l'Amiral de la Grandière, qui compléta la Colonie par la prise de possession des trois provinces de l'ouest ; dirigeant à la fois les opérations militaires, les négociations politiques et les essais de colonisation; transportant dans les dépenses un système d'économies qui eurent les meilleurs résultats puisqu'elles ont sauvé la Cochinchine prête à sombrer, sous le poids de l'opinion publique, en France, où l'on craignait des dépenses exagérées pour un établissement dont on ne prévoyait pas l'avenir ; c'est l'Amiral Roze , le promoteur d'une des créations les plus fécondes pour la Colonie , le Comité agricole et industriel, le protecteur infatigable du commerce Colonial ; c'est l'Amiral Ohier , l'intrépide lieutenant du brave Commandant Rigault de Genouilly aux batteries de siége de Sébastopol , qui a repris , à Saïgon , l'œuvre si brillante inaugurée par la conquête de l'Amiral Rigault ; cherchant et arrivant à concilier les intérêts qui se heurtent en Cochinchine, puisant dans l'élément libéral des sources vives de prospérité pour le Pays ; enfin, après le départ prématuré de cet éminent administrateur, dont le seul défaut serait, si c'en était un , d'avoir trop peu ménagé ses forces au service de la Colonie Française , c'est l'Amiral de Cornulier-Lucinière, appelé à consacrer à notre Colonie de Cochinchine les qualités affectueuses d'un caractère ouvert et sympathique , et les connaissances spéciales des besoins et des ressources de l'extrême Orient qu'il a acquises dans une carrière brillante et dans le commandement de la division navale de Chine et du Japon !

Les noms de tels hommes, répartis sur un espace de temps si restreint, n'expliquent-ils point comment la prospérité de notre Colonie a pu s'affermir aussi rapidement et comment elle arrive à présenter des caractères si multiples et si variés, en reflétant les influences et les aptitudes diverses des hommes d'élite qui ont présidé jusqu'ici à ses destinées!

XIV.

COMITÉ AGRICOLE ET INDUSTRIEL.

« Considérant qu'il est utile au développement de l'agriculture et de l'industrie en Cochinchine de faire étudier les questions qui s'y rapportent par un Comité spécial et d'encourager, par des expositions annuelles, ces deux branches principales de la richesse publique, le Contre-Amiral décide : un Comité permanent sera chargé de l'étude des questions qui intéressent l'agriculture et l'industrie en Cochinchine... Une exposition publique aura lieu, tous les ans, et un concours sera ouvert entre les produits des industries agricoles ou autres, les animaux, les machines, ustensiles, appareils à l'usage de l'agriculture et ceux à l'usage domestique, les fruits, plantes, produits manufacturés et ceux relatifs aux constructions navales. »

Tel est, en substance, l'arrêté fécond en conséquences par lequel l'Amiral Roze constituait, dès le 16 juin 1865, le comité agricole et industriel : toutes les espérances qu'avait fondées sur cette utile institution le Gouverneur intérimaire, dont le passage, bien que court aux affaires de Cochinchine, a laissé les meilleurs souvenirs, ont été réalisées amplement ; il suffit, pour s'en convaincre, d'étudier le bulletin où sont consignés les travaux du Comité.

Et ce n'est pas sans un touchant intérêt et sans une profonde sympathie qu'on se transporte par la lecture au sein de ce Comité studieux, dans lequel, à plus de six mille lieues de la mère patrie, mûs par le seul désir du bien, détachés de ces conditions d'apparat, qui n'influent que trop sur les travaux de tant de compagnies savantes, des officiers de terre et de mer, état-major, marine, cavalerie, infanterie, des ingénieurs de divers corps, ajoutant un surcroît à la somme d'un service pénible surtout sous ces climats des tropiques, viennent presque journellement, à côté d'industriels et d'agriculteurs du pays, de médecins, de savants, de chercheurs, prêter à l'œuvre commune le concours de leurs lumières, de leurs aptitudes, de leur bonne volonté ; heureux d'apporter en désintéressés leur pierre à cet édifice dont ils savent qu'ils n'auront même pas la satisfaction de voir sur place tous les progrès et le couronnement : qu'importe, pourvu qu'elle germe la semence qu'ils auront confiée à cette terre, en échange de sa passagère hospitalité. Quand sonne pour ces pionniers de la civilisation l'heure du départ pour France, quelque béni que soit le sésame magique qui leur ouvre les horizons de la patrie, ce n'est pas cependant sans des regrets réels qu'ils se détachent de cette œuvre collective de progrès, où chacun d'eux a marqué son passage en faisant de son mieux, et, ce n'est pas sans une douce émotion que plus tard leur souvenir et leur cœur se transportent du foyer domestique à ces rives lointaines de l'Orient, objet de leurs soins et de leurs travaux !

L'un de ces travaux du Comité qui a surtout fixé notre attention, et qui nous a semblé caractéristique de son inépuisable bonne volonté et de ses tendances est l'étude importante, adressée en réponse à un questionnaire de la Société industrielle d'Amiens. Nous aimons à signaler ce point parce que l'initiative intelligente qu'à prise la Société Amiénoise pourrait fructueusement trouver des imitateurs en France et parce que le précédent créé par le Comité, en se prêtant à l'étude consciencieuse et approfondie des désidératas de la France, témoigne de son ardent désir de resserrer les liens qui doivent unir chaque jour plus intimement la Colonie et la Métropole.

C'était au lendemain de la constitution du Comité ; M. le commandant de la marine Lejeune, ayant reçu de la Société industrielle d'Amiens un questionnaire et une série d'échantillons de laine et de soie, adressés par Elle en vue de faire naître des rapports ou du moins d'étudier leur possibilité entre la Cochinchine et la France, transmit le tout au Comité qui se mit à l'œuvre sans désemparer. Ce fut pour la Commission, chargée de cette étude, l'occasion d'un rapport qui demeurera longtemps comme un document à consulter par le commerce Français et par tous ceux qui désirent se renseigner sur les produits de France susceptibles d'être exportés, en même temps que sur les ressources de la Cochinchine en bois, textiles, matières tinctoriales et produits de toute nature.

Il n'est pas de jour d'ailleurs où le zèle et l'activité du Comité ne s'affirme, au point de vue agricole ou industriel, soit par des améliorations introduites dans les cultures, soit par l'introduction d'industries nouvelles, comme nous le verrons ultérieurement, soit par des études sur les ressources à développer; c'est l'étude du china-grass ou ortie de Chine et de l'abaca, pour répondre à une demande d'industriels Français; ce sont des recherches sur le bombyx et le mûrier; c'est la propagation de la culture de la canne à sucre; ce sont des recherches sur les plantes médicinales, ces ressources bénies dans un pays où la science médicale exige des connaissances toutes spéciales et un dévouement sans bornes comme celui du docteur d'Ormay, notamment, l'Esculape de la Cochinchine, l'homme le plus au courant des maladies de ce pays; c'est l'étude des bois indigènes, des résines, des enduits, des huiles; c'est l'exploration des forêts; c'est l'agriculture et l'industrie sous toutes ses formes; c'est enfin l'organisation de ces Expositions où la Colonie a été appelée, pour la première fois de son existence, à contempler dans une vue d'ensemble, ses propres ressources ignorées d'elle même, à nous les faire connaître en même temps, à s'édifier et surtout à nous édifier sur les progrès à réaliser.

Nous voudrions pouvoir donner une idée de ces Expositions indigènes, solennités toutes nouvelles en Orient mais destinées à marquer comme l'une des tentatives les plus réussies de notre œuvre de colonisation : nous aimerions à montrer, sous les longues nefs du magasin de l'Avalanche, pavoisées d'oriflammes, de pavillons aux trois couleurs et d'écussons nationaux, cette foule d'Annamites, de Chinois, de Japonais, de Tagals, témoignant leur naïve admiration et ne s'exstasiant pas moins devant l'exposition des produits indigènes que devant les produits de l'industrie de la Métropole. Et cela s'explique, car dans les régions Indo-Chinoises, l'industrie est individualisée et comme frappée d'immobilité, elle demeure stationnaire, se localise chez certaines familles, chez certains individus, à l'exemple des anciennes maîtrises héréditaires de l'Egypte, et est inconnue du reste de la population. On conçoit dès lors toute l'utilité de ces vues d'ensemble et de ces études comparatives jusqu'alors irréalisables.

Puis à la curiosité c'est l'émulation, chose nouvelle chez ce peuple apathique, qui vient s'ajouter; c'est la distribution des récompenses; le canon annonce le départ du Gouverneur de l'hôtel du Gouvernement ; la troupe en haie, le clairon qui sonne, les fanfares qui font vibrer dans l'air notre chant national, le cortége brillant des autorités militaires, de l'ordre administratif et judiciaire, la présence du clergé, le concours des notabilités Annamites et Cambodgiennes, tout contribue à donner à ces fêtes un caractère de grandeur et à ajouter au prix des distinctions accordées. Et ces distinctions qu'on se garde bien de les prendre comme de simples stimulants, comme des prix d'encouragement accordés en vue de l'avenir. Notre Colonie n'en est plus là heureusement ; l'Exposition universelle nous a montré ses ressources et sa virilité ; l'Exposition d'Altona lui valait dernièrement plusieurs médailles et un des rares diplômes d'honneur ; l'Exposition de Lyon lui réserve d'autres palmes. Ce sont de précieuses attestations à l'honneur de notre Colonie mais ce sont surtout des titres pour le Comité agricole et industriel, car, ne l'oublions pas, c'est lui qui procède à ces envois que nous admirons ; ces ressources de la Colonie, c'est lui qui les met en lumière, les coordonne, les groupe, les féconde ; c'est lui qui dans cette masse inerte a mis cette étincelle de Prométhée qui fait la vie, cette force qui anime la matière : trop souvent à la peine, il en juste qu'il soit, lui aussi, à l'honneur !

XV.

CULTURES ET INDUSTRIES.

On a dit et répété souvent que celui qui dote un pays d'une plante utile lui rend plus de services que le conquérant qui prend vingt provinces ; or, ce n'est pas d'une seule plante utile mais bien d'un nombre considérable que le Comité a doté la Cochinchine, en révélant à ce pays, routinier et immobile, dans quelle voie fructueuse il doit engager la culture de plantes jusqu'alors négligées et, pour ainsi dire, inconnues des indigènes eux-mêmes, et en leur indiquant les procédés industriels susceptibles de donner à ces produits toute leur valeur.

La seule production importante de la Cochinchine a été jusqu'à présent le riz et elle promet de s'accroître encore dans l'avenir par suite des nouvelles cultures établies depuis deux ans : la Cochinchine est, on peut le dire, le grenier de la Chine et du Japon, et, en 1869 notamment, la récolte ayant manqué dans ce dernier pays, c'est de Saïgon que sont partis la plupart des approvisionnements.

Mais le riz, matière encombrente comme volume, d'un prix relativement peu élevé, n'est pas une culture assez riche pour le frêt : il faut surtout à la Cochinchine, en raison de son éloignement de l'Europe, des cultures donnant des produits d'une grande valeur intrinsèque sous un petit volume, en sorte que les frais accessoires d'exportation ne se répartissent pas lourdement sur leur prix principal. C'est dans cet ordre d'idées qu'a agi, en ces dernières années surtout, le Comité agricole et industriel; c'est vers ce but qu'ont convergé les intelligents efforts de son président, M. Bovet, directeur du Génie militaire; arrivé en Cochinchine, dès les premiers jours, et ayant contribué par sa large part aux succès de la conquête, M. Bovet, revenu en Cochinchine, après l'avoir quittée quelque temps, y a rapporté cette maturité de jugement qui se forme et s'accroît, dans l'éloignement, par une étude calme et froide, souvent impossible dans la mêlée des événements, et, c'est à cette lumineuse entente des vrais intérêts de la Colonie que l'on doit l'impulsion donnée récemment à la séricitulture et aux autres riches productions dont nous allons rapidement étudier l'accroissement.

Parmi ces productions, la culture du coton est l'une de celles que la Métropole doit surtout encourager depuis que la guerre d'Amérique est venue lui montrer la nécessité de ne point laisser à la merci d'un seul marché l'approvisionnement d'une matière d'où dépend l'existence de tout une industrie. Cette culture a déjà pris son essor et tend à se développer en raison surtout de la simplicité de l'exploitation et de la certitude du rapport; sur le plateau de Thu-Dau-Mot, presque tous les Annamites cultivent un petit champ de coton nain, pour ainsi dire, sans frais de culture, sans frais de cueillette et de main-d'œuvre, puisque les femmes et les enfants, à l'époque de la fructification, récoltent dans leur champ les gousses arrivées à maturité et, après un rapide séchage, les égrènent grossièrement au moyen d'un appareil tout primitif en bois, composé de deux cylindres qu'on fait mouvoir d'une main tandis que de l'autre on présente les gousses à l'égréneur. Grâce à l'intervention Française, des machines à égréner plus expéditives, et surtout arrivant à un nettoyage plus parfait, ont été importées à Saïgon et l'on ne peut mettre en doute que la production cotonnière de la Colonie, qui se chiffre déjà par plusieurs millions de francs ne prenne un rapide accroissement et ne devienne une des plus abondantes sources de richesse.

Le poivre est une des plantes indigènes préexistantes que la conquête a trouvées dans un état relatif de culture satisfaisante ; mais notre intervention, sollicitée par l'initiative de la Chambre de commerce, ne lui en a pas moins été utile, en lui ménageant des débouchés nouveaux, en faisant connaître à l'Europe l'excellence de cette production dans les diverses grandes

Expositions où ont figuré les envois du Comité, et surtout en assurant aux provenances de notre Colonie, par certificats d'origine, une anthenticité destinée à leur valoir la franchise d'entrée en France en même temps qu'à empêcher l'abus qui eût amené sur le marché de la Colonie, pour l'exportation ultérieure, des poivres étrangers admis ainsi abusivement à jouir de la suppression des droits et à faire à la production indigène une concurrence ruineuse et déloyale.

L'indigo n'a pas été de la part du Comité agricole et industriel l'objet de moindres préoccupations : excessivement disséminée, cette culture, une des plus languissantes de la Contrée, n'eût pas tardé à disparaître devant l'extension envahissante des rizières. L'un des hommes les plus dévoués aux progrés de la culture industrielle et l'un des plus intelligents novateurs de la Colonie, M. de Fiennes n'a pas hésité à entreprendre cette culture aux environs de Goviap, et tout porte à espérer que le résultat obtenu par lui, que les magnifiques échantillons d'indigo solide qu'il a exposés démontreront aux indigènes la possibilité de faire rendre à l'indigo autre chose que ces résidus informes, qui peuvent au plus suffire, dans cet état brut, aux besoins de la consommation locale : la moindre vulgarisation des manipulations pratiques, simples d'ailleurs, qu'exigent la fermentation et la décantation du liquide tinctorial et du dépôt sédimenteux de l'indigotier, dotera notre Colonie d'un richesse dont on peut trouver le seul terme d'évaluation dans la consommation énorme qu'en fait le Monde entier. Déjà une indigoterie s'est fondée sur les rives du Cambodge près de Chaudoc et ses produits ont obtenu une très belle cote en Europe.

Quelques sucreries Européennes se sont également établies; deux nouvelles sont en voie de formation : il est superflu de leur présager le succès le plus absolu. Il suffit, pour se convaincre de leur rapide prospérité, de jeter les yeux sur la production actuelle de la Cochinchine, qui n'arrive qu'à donner, et encore à un prix exorbitant, un sucre souvent incristallisable, brunâtre toujours, arrivant comme maximum de type à une cristalallisation noirâtre, poisseuse, en tablettes qu'on comparerait sans exagération à de la terre, résultat déplorable qui doit être attribué à l'infériorité de la canne d'abord et aux procédés tout barbares de la saccharification. Déjà, résultat important, la partie à abandonner aux indigènes, la culture de la canne a notablement été améliorée et, par l'initiative de M. le Directeur du Jardin botanique de Saïgon, des sujets, plus appropriés aux exigences du sol, ont été substitués à la canne blanche, à la rouge, à la verte, à la rouge et blanche, toutes d'espèces dégénérées, qui constituaient la culture locale. Quant aux sucreries en elles-mêmes, dont l'organisation est chose trop délicate et trop compliquée pour le niveau industriel de l'élément indigène, c'est aux Européens qu'il appartient de les édifier et de les régir : la rémunération est toute prête, quand on songe que cette Cochinchine, qui pourrait à l'exemple de Cuba et des autres centres de production sucrière exporter pour des millions de ce sucre de canne, le premier du Monde, en est elle même tributaire annuellement de la Chine, de de Singapore, de l'Europe et de Batavia pour plus d'un million de francs.

Parallèment à ces fécondes innovations, il faut signaler les progrès en voie de réalisation dans la culture du tabac, du bétel, du china-grass, cette matière textile qui a pris dans ces derniers temps en Europe une importance considérable, de la vanille, de la cannelle, des cocotiers, source d'une huile précieuse mais dont la fabrication est encore toute barbare, il faut par dessus tout indiquer de quels soins, de quelle sollicitude de tous instants a été encouragée la sériciculture naissante.

C'est que là tout était à faire et que le résultat acquis ne devra pas être, pour notre Colonie, la simple aisance mais la richesse, et pour la Métropole, non pas une affaire ordinaire mais l'émancipation presque absolue à l'endroit d'une matière que s'est assimilée, comme une condition d'existence, notre industrie Lyonnaise. Les efforts devaient se porter sur tous les points à la fois : plante, élevage, produits. C'était d'abord la culture, jusqu'à ces derniers temps, mal comprise ; les plantations étouffées, sans espace, et périssant faute d'expansion pour les sujets qui donnent à peine, dans l'état présent, deux cents francs par hectare alors qu'ils pourraient rapporter dix fois plus. De là, pour les gens d'initiative la nécessité d'inculquer aux planteurs les vraies notions sur les plantations ; de leur prouver qu'il y a, pour eux, à faire de la plantation du mûrier et de l'éducation du ver une affaire connexe, au lieu de vendre leurs feuilles, aux marchés voisins, à des éducateurs isolés et n'agissant que sur une petite échelle ; puis, et surtout, d'enseigner une meilleur mode de dévidage des cocons et d'amener à une production régulière des soies gréges.

Dirigée, dans ces trois voies parallèles, l'action influente du Comité a déjà produit des résultats très sensibles. La culture du mûrier, l'éducation du bombyx se répandent et surtout prennent une direction rationnelle ; des petites usines se forment autour de Saïgon, pour dévider la soie d'après les procédés de nos usines Dauphinoises et tout récemment, à la suite d'essais de soie, faits à Lyon, qui ont prouvé qu'il y avait, et pour cette ville et pour la Colonie, une source rémunératrice de transactions, des fileuses Françaises sont parties pour la Colonie, où, sous peu de temps, avec le caractère patient et méditatif des Annamites, on est un droit d'attendre l'application intelligente de nos procédés.

Tel est sommairement le relevé des efforts tentés par le Comité agricole industriel en vue d'engager la

Cochinchine dans les riches productions qui doivent en faire la première Colonie du Monde, car il est hors de conteste que c'est la culture qui fera sa richesse et sa grandeur. Les Indigènes, les Chinois , les Européens eux-mêmes ne laisseront pas improductifs les immenses terrains cultivables que l'Etat leur vend à un prix tellement minime que cette vente constitue plutôt une concession qu'une vente.

Les règles générales, qui doivent présider à toute culture, les principes de l'amendement et des assolements , la loi de restitution , lettre morte en Orient , sont journellement l'objet de l'enseignement et des indications du Comité ; l'acclimatation de plantes utiles, l'amélioration des races existantes, sont activement poursuivies et, dès le 15 juillet 1869, ajoutant aux mesures fécondes de son administration , l'Amiral Gouverneur Ohier , règlementait , par un arrêté de prévoyance , les conditions auxquelles les graines et les plantes provenant du Jardin botanique et de la pépinière pourraient être délivrées aux particuliers et aux différents services de la Colonie, et contribuait encore à atteindre plus complètement le but de la création du jardin d'acclimatation , en facilitant la culture des plantes nouvelles et améliorant celles qui préexistaient.

C'est ainsi que chaque jour apporte son contingent au progrès de la culture et de l'industrie , question importante partout , mais vitale surtout pour notre Colonie Asiatique.

XVI.

DE LA QUESTION RELIGIEUSE EN COCHINCHINE.

Nous avons esquissé la plupart des causes de la grandeur matérielle de notre Colonie et les moyens employés pour arriver à une fusion, mutuellement profitable, entre l'élément vaincu et l'élément vainqueur, à une assimilation, en un mot ; nous arrivons à un ordre de questions qui dominent ces considérations de toute la distance qui sépare l'ordre moral de l'ordre matériel ; nous arrivons à la question toujours délicate de l'influence religieuse : nous avons l'espoir, en transportant dans cette étude une conscience calme, une froide impartialité, un esprit d'examen désintéressé, de jeter, sur ce sujet, souvent controversé, un jour destiné à l'éclairer, comme il convient, et de lui faire faire un pas plus considérable que ne feraient une approbation aveugle ou les récriminations stériles d'un parti pris de critique violente.

Il est hors de contestation que la propagation de la religion chrétienne doit être considérée comme l'élément le plus influent de progrès, comme l'auxiliaire le plus efficace des efforts civilisateurs de notre colonisation.

Il est en effet évident pour tous que l'une des causes de la lenteur considérable, avec laquelle se fait, ou pour être plus dans le vrai, se prépare l'assimilation dans notre Colonie d'Algérie, résulte de l'absence complète d'influence religieuse sur la population Arabe, de laquelle nous sépare, sinon pour toujours, du moins pour un temps excessivement long, la barrière presque infranchissable de l'Islamisme. Et, pour prendre des exemples que la contiguité des lieux rendra plus saisissants et plus applicables, ne peut-on pas affirmer que, dans l'Inde, les attaches qui unissent l'élément Anglais et l'élément Hollandais à l'élément indigène sont factices, rivées et maintenues uniquement par la force, tandis que, dans les Philippines, l'influence Espagnole a de profondes et vivaces racines; il n'est point téméraire d'affirmer que cette différence radicale dépend de l'absence complète de liens religieux entre les Indiens et les Malais et leurs dominateurs, les Anglais et les Hollandais, et au contraire de la communion de croyances, de pratiques et d'espérances qui unit les Tagals aux Espagnols et les confond sous le labarum fraternel de la religion chrétienne. « Ces Tagals, dont la reine d'Espagne mit un certain nombre à notre disposition au début de l'expédition de Cochinchine, nous furent alors d'un grand secours. Ils appartiennent à une race d'Indiens de l'île de Luçon et forment la majorité des bataillons d'élite dans les colonies Asiatiques de l'Espagne. Sobres, patients, intrépides, ils bravent les atteintes de ces climats, et ceux qui se sont fixés à Saïgon, après le retour de leurs compagnons à Luçon, sont d'aussi bons serviteurs qu'ils ont été d'excellents soldats (*). » Dans chacun de ces résultats se ressent l'influence de principes civilisateurs, qui dictent autre chose que le sensualisme, la dissimulation et la duplicité, vices si fréquents chez les populations Orientales.

Cette thèse n'a besoin d'aucun développement ni pour le chrétien, ni pour l'économiste, ni pour l'homme politique : il n'en est pas de même pour la question des voies et moyens à appliquer.

Sans doute et heureusement le temps des missions armées est loin de nous, et il ne saurait entrer dans la pensée de qui que ce soit de restaurer ces dragonnades déplorables qui ont signalé l'invasion des deux Amérique et dans lesquelles, la croix d'une main et l'espingole de l'autre, le vieux monde avait la singulière prétention de convaincre à mitraille, comme si la religion fraternelle du Christ pouvait admettre qu'on chargeât les canons de disséminer ces sublimes doctrines de l'Evangile, qui prêchent la fraternité et l'a-

(*) Octave Féré.

paisement des haines et de la violence. Mais si le temps des évangélisations à main armée est passé, le temps des impatiences, des désirs intempestifs et prématurés, se rendant compte plutôt du but à atteindre que de l'opportunité des moyens et de leur convenance, ce temps n'est pas encore loin de nous et c'est précisément cette ardeur fiévreuse, qui serait à la fois une force de recul pour la religion et un embarras sérieux pour nos progrès politiques et économiques, qu'il importe de modérer et d'éclairer sur ses véritables intérêts et sur les intérêts antérieurs de la colonisation.

Nous avons montré plus haut l'obstacle presque invincible que les principes de l'Islamisme opposent à la propagande religieuse en Algérie ; en Cochinchine ces obstacles, pour être d'une tout autre nature, n'en seront peut-être pas moins rebelles de longtemps, car la force d'inertie, contre laquelle viendront s'amortir et s'émousser les tentatives d'assimilation chrétienne, est la plus redoutable de toutes, l'indifférence.

Usés par le long et traditionnel abus de momeries religieuses, vaines formules ou simples pratiques extérieures qui ne sont accessibles ni à l'intelligence ni au cœur, les Annamites ne professent pas de religion bien définie, mais sont d'une superstition égoïste pour certains mauvais esprits, qu'ils redoutent et qu'ils espèrent désarmer, à l'exclusion des bons génies, dont ils disent n'avoir rien à craindre : ils sont ou bouddhisses, ou sectateurs de Coufucius ou tous les deux à la fois. La religion la plus suivie est celle de Phât ou Bouddha, dont les principes moraux seraient excellents s'ils étaient compris, mais qui sont oblitérés trop souvent par des formules baroques et inintelligibles.

Il est aisé de comprendre que, porteurs d'un aussi faible bagage moral, les bonzes Cochinchinois qui, en outre, ne rehaussent guères leur prestige, comme au Cambodge, par une chasteté rigoureuse, par une tenue irréprochable ou l'observance de ces signes extérieurs, distinctifs de leur caste, signes sensibles pourtant et de nature à impressionner les masses, aient peu à peu déshabitué le peuple du respect dû aux ministre du Culte.

Ce n'est qu'à la longue, et en laissant au temps le soin de faire ressortir une comparaison, toute en leur faveur, que les prêtres, les missionnaires et les religieux arriveront à reconquérir universellement au clergé cette prépondérance désirable sur les masses, qui lui fait partiellement défaut, en ce moment, par suite d'une pente d'idées toute naturelle chez ce peuple, qui ne voit dans nos prêtres que les bonzes de notre religion, dans notre culte extérieur que l'équivalent de ses adorations superstitieuses, et qui réserve tout au plus pour les rares ministres du haut-clergé un respect instinctif, inhérent à des fonctions éminentes sur lesquelles réagit et la haute position des titulaires et le prestige traditionnel des Evêques du siècle précédent, de l'Evêque de Veren, de l'Evêque d'Adran, « l'accompli, » dont le tombeau est vénéré par les indigènes à l'égal de leurs pagodes nationales.

Ce respect viendra; il viendra surtout par l'exemple qu'en doivent donner nos fonctionnaires de tous ordres, mais, avant toutes choses, il importe de faire comprendre à ces natures incultes, quoique non rebelles ni rétives, la partie morale et philosophique de notre belle religion, la noblesse et la largeur des maximes évangéliques.

Quand, dans ces âmes vierges de toutes idées semblables, se seront développées et élucidées les grandes données de la nécessité d'un Etre suprême, des attributs de la divinité, quand se seront inculquées celles de l'immortalité de l'âme, des droits et des devoirs, du mérite et du démérite, des peines et des récompenses, en un mot tout ce que contient notre sublime religion, ce ne sera plus sur des corps, sur un troupeau humain, que s'exercera notre action, mais sur des âmes et sur une force, auxiliaire de la nôtre. A ces âmes, blasées de ce polythéisme creux de la Chine, de ces momeries vides pour l'esprit et le cœur, ce sont les grands côtés de la religion qu'on doit présenter, et ce qu'on doit éviter c'est de se borner à substituer à un culte extérieur, vide de sens, un autre culte extérieur sans racines dans l'intellect et l'être moral. Il faut se garder, avec le plus grand soin, de ces recrutements, en masse, d'âmes à sauver, résurrection des baptêmes contemporains de Witikind et de Charlemagne, dans lesquels les nouveaux baptisés se comptaient aux chemises de lin, délivrées en bloc à des milliers de cathéchumènes.

Du fond des doctrines de Confucius d'ailleurs ont survécu, dans la masse du peuple, quelques instincts nobles et respectables, pierres d'attente autour desquelles peuvent se grouper les assises et l'édifice entier de la morale chrétienne: les devoirs sociaux, le respect de l'Etre supérieur, l'amour filial, le respect des vieillards et le culte des morts surnagent au milieu du chaos général; et de même que le temps les a déposés et fait croître dans la conscience publique, de même le temps contribuera à y greffer les rameaux féconds de notre morale.

Ce résultat, si désirable de l'évangélisation et de la christianisation de l'Annam, qui se traduit déjà par une proportion assez importante, puisque plus du cinquantième de la population est chrétien, nous le voyons donc certain, assuré, à la condition que la religion s'affirme lentement mais sûrement par la diffusion de sa philosophie et de sa morale d'abord, à l'exclusion de ces prises de possession rapides, plus factices que réelles, qui n'arrivent qu'à tromper et leurs promoteurs et leurs adhérents par l'appareil pompeux mais illusoire d'un personnel nombreux mais intelligent et sans convictions.

Et, pour nous résumer, en nous assimilant, — sans réserves aucunes pour ce passage du moins, — la pensée d'une publication d'autant plus autorisée en cette matière, qu'elle peut être considérée, dans son ensemble, comme une plaidoyer en faveur de l'immixtion religieuse, nous ajouterons : « il ne s'agit pas de lancer sur le pays une armée de moines plus exaltés qu'éclairés, marchant, le crucifix à la main, à l'assaut du paganisme, avec une ardeur impatiente, qui ne convient nullement au calme du caractère indigène. Ces auxiliaires seraient bientôt un embarras pour notre administration. Ce qu'il faut, ce sont ces prêtres que nous connaissons tous, nos prêtres Français, les ecclésiastiques de nos missions, de nos villes et de nos campagnes, doux, purs, tolérants, charitables et animés d'un zèle discret (*). »

C'est là le mot de la question : à cette condition, mais à cette condition seulement, est le succès.

(*) Voies et moyens de la politique française en Cochinchine.

XVII.

DE LA FRANCISATION DES POPULATIONS ; DES ÉCOLES.

La diffusion de la religion chrétienne sera, il faut le reconnaître, plutôt un moyen de civilisation en général qu'un auxiliaire direct de la francisation des populations Annamites : ce qui au contraire conduira directement à ce résultat, et c'est un résultat qui doit s'imposer, par antériorité à tous autres, à la sollicitude incessante, immédiate, urgente de la Métropole, c'est la communauté de langue et d'intérêts.

Ici, tout d'abord un obstacle, et un obstacle considérable : le caractère accentuel et tonique de la langue Annamite et les procédés idéographiques de l'écriture, choses complétement en opposition avec le génie de notre prononciation uniformément monotone et de notre écriture essentiellement phonétique.

Les brèves et les longues jouent, on le sait, un rôle très peu important dans notre prononciation et l'on conçoit immédiatement la difficulté que présente à nos nationaux une langue dans laquelle un même mot, une même voyelle, suivant la variabilité de l'accent ou du ton, peuvent revêtir jusqu'à dix significations différentes. Il n'est pas poins insolite et difficultueux, eu égard aux procédés de notre écriture analytique et alphabétique, de se plier à ces monogrammes Chinois, espèces d'hiéroglyphes, où le signe est, non pas l'interprétation du son mais la représentation idéographique du sens. Quoiqu'il en soit, ces obstacles sont déjà bien réduits, et les travaux de M. Aubaret, de Mgr Taberd, des P. P. de La Liraye et Poulain, et surtout les publications vulgarisatrices de l'un des Annamites les plus distingués M. Petrus Tru'ong Vink-Ky, directeur du Collége des interprêtes Français, ont assuré des résultats inespérés.

La connaissance et la pratique de l'alphabet latin se répandent et s'appliquent à l'interprétation de l'idiome populaire, et, en très peu de temps, les jeunes Annamites instruits dans nos écoles primaires arrivent à lire et à faire entendre de leurs familles les publications destinées au pays et écrites en caractères Européens, seule forme admise par décision récente pour les publications officielles.

Donc, premier point, possibilité de communication intellectuelle entre les populations et les Français; autre point, bien plus important, possibilité de propagation de la langue Française seule appelée, à un moment donné, à intervenir dans les actes authentiques par une révolution radicale, analogue à celle qui s'est opérée, dans notre propre pays, sous Saint-Louis et y a assuré, avec le triomphe de notre idiome national, le triomphe des idées modernes.

Seulement le moyen d'arriver à ce but c'est la fréquentation des écoles. Or, ne le dissimulons pas, il y aurait quelque danger à adopter entièrement l'opinion de l'auteur des voies et moyens de la politique Française en Cochinchine, qui pense « que les missionnaires ou les religieux catholiques puissent seuls donner au peuple l'instruction littéraire, indispensable pour créer une nouvelle classe de lettrés, entièrement opposée à celle des lettrés Chinois. » Craignons l'exclusivisme : nous pensons, nous, qu'on trouverait également, dans une large mesure, parmi les laïques, la patience, l'abnégation et les humbles vertus nécessaires aux instituteurs d'un peuple nouveau. Eux aussi pourraient, hommes dévoués, par l'éducation des indigènes, consommer la séparation absolue entre notre Colonie et l'Empire d'Annam, d'où elle a été distraite : ils le pourront d'autant mieux que leur enseignement se donne à tous sans acception de parti et de religion.

Les faits sont nos maîtres ; interrogeons-les ! La population Annamite a très peu de propension pour les Ecoles catholiques, qui ont une peine infinie à se procurer des élèves.

A l'Ecole municipale, fondée cependant sur des principes tout à fait libéraux, où les prêtres n'ont rien à voir, les Annamites ont encore peur d'envoyer leurs enfants, de crainte qu'on ne veuille changer leur religion, et, il faut leur prouver qu'il n'y a aucun danger, pour décider certains d'entre eux ; nous le répétons, il ne faut rien heurter ; le succès est à ce prix.

Très bien organisé, embryon d'une Ecole normale Annamite, destinée à fournir ultérieurement des professeurs aux provinces, le Collége de Saïgon est appelé à former un trait d'union durable entre l'indigénat et nous : Il y a quelques mois à peine, l'Empereur Tu-Duc envoyait au chef-lieu de la Colonie un des grands-Officiers de sa Maison, avec une suite nombreuse, pour féliciter le Gouverneur à l'occasion de l'année qui s'ouvrait. Ce haut personnage, au moment de sa réception, prononça un discours d'apparat, dans lequel il annonçait le vif désir qu'avait son Souverain de continuer à entrenir avec la France les relations les plus amicales, et, en même temps, il présentait au Gouverneur un certain nombre de jeunes Annamites, appartenant aux premières familles de Hué qui venaient pour faire leur éducation au Collége de Saïgon.

De semblables exemples sont significatifs ; ils seront contagieux pour nos provinces, quand la classe inférieure, deshéritée jusqu'à présent au détriment des lettrés, envisagera l'ère féconde qui s'ouvre devant elle : Quant aux lettrés, caste orgueilleuse, ennemie de notre civilisation, le peuple en est vite arrivé à reconnaître l'inanité de leur science et le vide de ces livres, dont ils se bornaient à faire la lecture, n'en comprenant même pas le fond, qui repose tout entier sur des futilités d'école, à peine comparables, aux arguties du Bas-Empire ou à la scholastique du moyen-âge.

Le caractère du peuple Annamite, dans lequel jouent un très grand rôle l'émulation et l'amour-propre, doit nous fournir un puissant auxiliaire. « L'homme du peuple est très sensible aux honneurs des charges publiques, ce qui explique cette énorme quantité de titres dont ils se hiérarchise. Nous devons profiter de ces dispositions d'autant mieux qu'elles fournissent beaucoup de partisans à notre cause, par le discrédit où sont tombés les lettrés Annamites, surtout à cause des preuves matérielles de notre civilisation. » Par son intelligence, le peuple ne demande qu'à se plier aux idées nouvelles que nous introduisons avec nous, et il a hâte de voir ses enfants apprendre nos vingt-quatre lettres, qui semblent leur donner l'entrée dans la nouvelle carrière des honneurs. Par son amour de l'étude, il nous fournira bientôt des fonctionnaires, qui pourront déjà sauvegarder la population contre la corruption et la dilapidation des autorités inférieures. Apre au gain, il nous sera encore attaché à cause de ce défaut ; car l'intérêt est le lien le plus sérieux qui commence à nous le gagner (*). » Quel que soit le mobile, ce qui nous importe, et nous y arri-

(*) H. Abel.

vons, c'est de nous concilier les indigènes, de les instruire, enfin de remplacer par des gens, réellement capables et amis, les lettrés qui n'ont qu'une science nulle ou fausse, et qui nous sont hostiles.

Parallèlement à cette francisation intellectuelle, mille autres moyens d'assimilation nous restent ; c'est le contact avec les Européens ; c'est la compagnie indigène d'infanterie à Ton-Keou où l'on parvient à apprendre aux hommes la propreté, le régime militaire, l'ordre et la discipline ; ce sont les établissements de l'Etat, tels que l'arsenal d'artillerie, l'arsenal des constructions navales, où les indigènes apprennent nos métiers, nos méthodes de travail. Nous ne saurions résister au désir de dire ici quelques mots des résultats féconds produits par les arsenaux. En dehors de leur utilité première, qui se justifie d'elle-même, puisqu'il ne fallait pas « en cas d'avaries, que nos bâtiments ne pussent se réparer que dans la colonie Portugaise de Macao, le port anglais de Hong-Kong ou dans l'île Espagnole de Luçon (*), ces arsenaux constituent de véritables écoles professionnelles où l'Orient vient se former au contact de notre civilisation. Sans doute, l'apprentissage du personnel ouvrier coûte cher, et beaucoup de nos recrues partent dès qu'elles savent quelque chose, mais rentrées dans leurs familles, elles répandent les idées acquises parmi nous, nos habitu-

(*) Guizot.

des de travail, et le tout tourne à l'avantage de la Colonie, au développement de sa force productive.

On a adressé, nous ne le dissimulons pas, certains reproches aux corps spéciaux que la Métropole prête à ses possessions d'outre-mer pour les travaux de tous genres à y exécuter. Restant en dehors de la discussion des besoins locaux, et nullement intéressés à leur étude, ils se préoccupent, disait-on, beaucoup plus de la question d'art en elle-même que du but pratique à remplir et des conditions restreintes auxquelles un budget naissant doit se soumettre.... Le dock flottant que l'on a fait venir de loin, que l'on a payé, paraît-il, fort cher à l'industrie Anglaise et qui pourrait bien ne répondre qu'imparfaitement à son but ; un pont considérable, qui, six mois à peine après son entier achèvement, était entraîné par les eaux (*), ont été l'objet de critiques que nous n'entendons ni infirmer ni appuyer. Le trop court séjour des fonctionnaires dans la colonie, séjour passager auquel on voudrait voir substituer la possibilité, pour les fonctionnaires de tous ordres, de faire leur avancement sur place, sans liens hiérarchiques avec la métropole, a été également l'objet de critiques diverses.

Quant à nous, qui avons suivi les diverses modifications qu'a subies la sphère d'action bien restreinte actuellement des corps spéciaux, nous voyons s'é-

(*) G. Francis.

vanouir la majeure partie de ces reproches et, sans rechercher jusqu'à quel point il est encore possible aux ingénieurs des divers services de consacrer à des ouvrages de luxe les ressouces assez exigües du budget de la Colonie, nous ne nous déclarons pas ennemis de cette émulation pour le bien, qui porte nos fonctionnaires à marquer leur passage par de grandes choses. Nous ne savons par quels travaux compte signaler son séjour, en Cochinchine, le jeune et savant ingénieur des constructions navales, M. Dislère, qui préside en ce moment à la direction de l'arsenal maritime de Saïgon; mais ce que nous pouvons affirmer, connaissant son esprit d'ordre et d'application, son jugement mûr et réfléchi, son entente des besoins coloniaux, c'est que sa mission sera marquée par une réforme utile, au point de vue de l'ordre et de l'organisation, et que, sous sa direction, l'arsenal maritime, vaste école modèle de l'Extrême Orient, prendra de plus en plus ce niveau, qui doit la placer au premier rang dans les mers Indiennes et en faire, en même temps, un des moyens les plus assurés de francisation pour notre Colonie elle-même.

Pour nous, nous le déclarons, et toutes réserves faites pour certains services spéciaux qui exigent un esprit de suite et l'immutabilité dans la direction, nous ne sommes points ennemis de ce roulement, qui renouvelle, presque par triennat, le personnel de notre occupation : chaque steamer de rapatriement ramène en effet parmi nous autant de coopérateurs et de témoins de cette œuvre, dont nous sommes fier d'être un des modestes propagateurs, et chaque convoi militaire, qui aborde aux quais de Saïgon, appoint nouveau pour cette francisation que nous appelons de tous nos vœux, vient ajouter, aux yeux de la Colonie, à cette incessante démonstration de la supériorité de la race conquérante qui, dès le jour de la conquête, n'a cessé d'être un modèle et un enseignement d'ordre, de discipline et de moralité.

XVIII.

L'AVENIR DE LA COLONIE.

« Saïgon est port franc ! » Courte mais éloquente épigraphe que nous aimons à voir, en gros et visibles caractères, inscrite immuablement au frontispice du journal officiel de la Cochinchine, comme le mot d'ordre du progrès, comme une protestation contre les errements barbares, qui trop longtemps ont fermé les portes de l'extrême Orient à la civilisation et au commerce.

L'histoire nous montre des pays où, tombant sur un sol et parmi des populations prédestinées, la civilisation a pu germer un jour, a pris racine, est arrivée à un épanouissement considérable et plantureux, mais tout à coup, comme stérilisée, s'est arrêtée n'ayant plus d'issue que vers la décadence et la décrépitude. Cet exemple, nous le trouvons chez les peuples qui, voulant tout tirer d'eux-mêmes, ont cru devoir s'isoler du reste des nations et ont élevé entre l'Univers et eux les Grandes-Murailles et les prohibitions de toute nature.

Mais, sans nous égarer aux confins de l'Extrême-Orient, nous trouvons encore accréditées, de nos jours, chez beaucoup de nos économistes, des erreurs analogues qui, se basant sur cette théorie impossible, que les nations doivent se suffire à elles-mêmes, escomptent le moment où chaque pays produira tout... *omnis feret omnia tellus*..... Ces erreurs sont celles de ceux qui, par les échelles prohitives de tarifs protectionnistes, prétendent arrêter, à l'entrée de nos ports, les productions étrangères, sorte de blocus continental d'un nouveau genre.

Heureusement à côté de ces théories dangereuses et qui pourraient tout au plus puiser leur raison d'être transitoire et momentanée dans la circonstance d'une infériorité de production qu'elles tendent insciemment à encourager et à éterniser, se forme, s'affirme, se propage de plus en plus la saine pensée de l'abolition des barrières, en vue de l'union plus étroite de la grande famille humaine.

Et de même qu'il serait insensé de vouloir, dans le domaine le plus restreint, dans l'exploitation la plus limitée, faire prospérer tous les fruits du sol, indistinctement, à tous les endroits, sans tenir compte ni de l'orientation, ni du vent dominant, ni de la nature du terrain; de même ne serait-il pas insensé de ne pas mettre à profit les connaissances géographiques, si péniblement récoltées, et, ne doit-on pas, sans renoncer toutefois aux bienfaits de l'acclimatation, favoriser dans leur berceau naturel telles ou telles productions spéciales, tirer de chaque contrée, par voie de commerce, les produits, sains, vigoureux et à bas prix qui sont propres à chacune d'elles, plutôt que vouloir récolter, à grand prix, et dans des conditions inférieures et défectueuses, de chétifs et coûteux avortons, fruits du préjugé et de l'entêtement ? Ce raisonnement ne s'applique-t-il pas, dans son entier, aux produits de l'industrie ?

Nous considérons donc que, dans cette vaste métairie du Monde, que la nature a départie à l'homme, il importe de laisser à chaque climat, à chaque pays, ses productions et ses aptitudes spéciales, de les y développer, dans la mesure du possible, et de les en tirer, de les propager par voie de commerce et d'échange.

Rêve et utopie à un moment où l'homme s'ignorait lui-même et ne connaissait pas son domaine, c'est réalité, aujourd'hui qu'aucun point du Globe ne nous est inconnu, aujourd'hui que la matière, partiellement asservie à l'intelligence, nous offre les communications rapides de la vapeur et de l'électricité, aujourd'hui que la main de l'homme va jusqu'à enseigner ou apprendre à nouveau aux eaux de la mer des routes qui abrègent si merveilleusement les distances et rapprochent des continents jusqu'à présent séparés par des distances infinies !.....

Libre entrée ; sortie libre... Ce principe de franchise absolue, contre lequel s'insurgent et se raidissent encore dans notre vieille Europe de nombreux intérêts, préexistants et lésés, de part et d'autre, par une trop brusque transition, notre Colonie de Cochinchine, pays vierge et naissant, l'a vaillamment proclamé et appliqué : elle y trouvera le germe de sa prospérité et de sa richesse.

Nous avons dit ailleurs la fécondité de son sol privilégié, la richesse et la variété des cultures auxquelles est propre ce vaste territoire qui, pour avoir une exubérante production, ne demande que des bras. Mais ces bras, nous les trouvons dans le présent, nous les trouverons plus encore, à l'avenir, dans l'immigration Chinoise. Rassurés sur le caractère de notre occupation, les Chinois, qui jouissent, sous notre domination, d'une liberté considérable et qui, au contraire sont partout ailleurs abreuvés d'humiliations et de persécutions, cesseront d'aller demander bien loin à l'Amérique la formation aléatoire de ce pécule dont ils trouveront la moisson tout assurée dans nos campagnes et presque à leurs rivages. Sobres, patients, actifs, assez nombreux pour que, au rebours de cette franchise réservée au trafic, on n'ait pas hésité à frapper leur séjour dans notre Colonie d'un droit de capitation, les colons Asiatiques étrangers doivent être pour l'Annam Français une source de production et de ressources. L'agriculture et surtout les cultures riches, fécondées par l'accroissement du nombre des travailleurs et par l'introduction de perfectionnements ; le commerce, assuré et accrû par le développement de l'agriculture et la facilité d'exportation des marchandises de peu de frêt, voilà l'avenir de la Cochinchine et cet avenir ne lui fera pas défaut.

La création de voies praticables à l'intérieur, l'amélioration des routes fluviales, du Cambodge , du Vaïco Oriental, débouchés des produits du nord-ouest ; de la rivière de Saïgon, par où nous viendront les bois du nord; de la rivière de Bien-hoa et du Rach-tieck qui relieront les provinces du nord-est à Cho-lén et à Saïgon, achèveraient de donner à notre capitale l'importance qu'elle mérite comme centre d'exportation, et à en faire ultérieurement un entrepôt de commerce comme Singapore, Hong-Kong ou Pointe-de Galles , résultat sans doute ambitieux , dans l'état actuel des choses, mais pas au point qu'on l'écarte si dédaigneusement, comme irréalisable, lorsque, analyste impartial, on étudie le chemin fait, en moins de dix ans, dans cette ville, l'assainissement de la plaine des tombeaux, le tracé des grandes voies, les constructions solides substituées aux abris de paillottes et aux cases de bambous, la culture admirable des environs de Goviap, et la rapide extension de la Colonie suburbaine de Cho-lèn, avec ses quais de pierre de plusieurs kilomètres et sa population si agglomérée, si industrieuse et si riche....

L'avenir de la Cochinchine Française, pour nous, se déduit de son passé. Ayant échappé miraculeusement aux machinations qui ont sapé ses fondements; sortie victorieusement des circonvallations de Ki-hoa défendues avec la poudre de l'Angleterre, de la réaction hypocrite tendant à l'inexécution du traité, du projet de la substitution d'un simple comptoir à une Colonie réelle; complétée sans coup férir par l'annexion des trois provinces de l'ouest, son couronnement indispensable et naturel, notre Colonie n'a plus qu'à récolter les fruits de notre vaillance, de notre esprit de suite, et de notre loyale et intelligente direction.

Chaque jour le progrès s'affirme, et ce n'est pas sans un sentiment de vive satisfaction, que l'on peut constater, sur les chiffres officiels, l'accroissement incessant du mouvement de l'importation et de l'exportation, documents irréfragables d'une prospérité inouïe; et que l'on peut suivre, dans l'augmentation continuelle des sources de son budget, le progrès dont la marche ascendante vient, chaque année, donner raison aux prévisions encourageantes du Directeur de l'Intérieur qui, se basant sur la connaissance la plus étendue des éléments de comparaison de Ceylan, des Indes-Anglaises, des colonies du détroit de Malacca, de Batavia, de la Birmanie, arrive à évaluer que le revenu annuel de notre Colonie s'élèvera, avant quelques années d'ici, à plus de vingt millions et permettra alors de suffire amplement à toutes les dépenses (*).

« Comme l'Algérie, c'est, par une série d'événements inespérés, que la Cochinchine est venue en notre possession, et c'est pour ainsi dire, malgré nous, à notre insu, que la Providence et le génie de l'Empereur nous ont amenés au point où nous sommes, en nous livrant l'une des plus fertiles pays des mers de la Chine et nous confiant les destinées du peuple le plus docile peut-être et le plus assimilable de la race Mongole. » (*) Mais quelle différence entre les deux colonies, quand on considère que « l'Algérie malgré ses avantages dans l'avenir est une cause d'affaiblissement pour la France qui depuis plus de trente ans lui donne le plus pur de son sang et de son or. » (*) et que la Cochinchine, au contraire, a pris un si rapide essor qu'on peut mettre sa conquête et sa colonisation au premier rang des faits prodigieux qui, de tout temps, ont assigné à la France dans les choses de l'Univers cette influence providentielle que nos ayeux déjà caractérisaient en la nommant : *Gesta Dei per Francos*. L'avenir de la Cochinchine Française sera en même temps l'avenir de l'Orient tout entier, c'est la substitution de la civilisation à la barbarie, de la générosité chevaleresque à l'esprit de calcul et d'égoïsme, c'est la fraternité et la lumière chrétiennes succédant à l'égoïsme et à l'ignorance d'un paganisme suranné et qui a fait son temps.

(*) M. Vial, rapport sur la situation de la colonie 1867.

(*) Voies et moyens de la politique française.

(*) Napoléon III, lettre à M. de Persigny.

XIX.

QUELQUES MOTS DE LA QUESTION COLONIALE.

Parmi nos possessions coloniales, l'Algérie, par une exception à citer, a le privilége sinon d'échapper à cette ignorance, qui, en France, enveloppe nos possessions d'outre-mer, du moins de s'imposer d'avantage à l'opinion publique. Elle doit sans aucun doute cette faveur à sa proximité de la Métropole et à son importance : en effet à moins de quarante heures de nos rivages, déployant deux cent cinquante lieues de côtes sur la Méditerranée, séparée de la France ou plutôt unie à nos rives méridionales par cette mer, que les Romains appelaient *mare nostrum* et qui tend de plus en plus à devenir un lac Français, l'Algérie, avec son agglomération considérable de Français résidents, constitue presque un groupe de départements Français et, comme le disait dernièrement M. le Comte Le Hon, dans un solennel débat, au Corps législatif : « ce sont des Français, comme nous, qui sont de l'autre côté de la Méditerranée. » Aussi diffère-t-on peu sur cette question d'Algérie et le Gouvernement, marchant à l'avant-garde dans la voie libérale, où il a récemment engagé le pays, avait spontanément, et sans attendre que les aspirations de la colonie Algérienne se traduisissent au Corps législatif, fait mettre consciencieusement à l'étude l'assimilation de l'Algérie à la France, l'envoi par elle de députés au Corps législatif et l'extension de l'administration civile comme transition du régime militaire au régime civil.

Quant à nos autres Colonies, qui elles aussi ont trouvé, parmi nos députés, des organes autorisés pour demander des réformes en leur faveur, il faut reconnaître que la portée des demandes formulées et des concessions à octroyer n'est pas aussi considérable, et que les unes et les autres sont proportionnées à l'importance de ces stations coloniales et au nombre des résidents.

Hâtons-nous de dire que, dans cette importante discussion, si la Cochinchine Française a pu être comprise collectivement dans les questions de principes posées devant le Corps législatif, elle n'a pas été nommément l'objet de doléances spéciales, tant il est vrai que les larges réformes, introduites spontanément par le Gouverneur, d'accord avec le département de la Marine, ainsi que nous l'avons dit plus haut, devançaient les désirs les plus ardents. Il est bon de ne pas oublier que dès maintenant et grâce aux concessions accordées par la libérale initiative de l'Amiral Ohier, dans cette Colonie qui remonte à peine à dix années, la moitié du Conseil municipal de Saïgon est à nomination élective, que les délégués des districts, nommés également à l'élection, sont appelés à donner leur avis sur les modifications à introduire aux diverses branches de l'administration, qu'enfin les indigènes et les résidents, quels qu'ils soient, ont, par voie de pétitions, de placets personnels, le droit d'introduire auprès du Gouvernement toutes leurs réclamations quelconques aux quelles il est donné réponse officielle par le journal de la Colonie. Aussi là, de même que pour le Sénégal eût-il été prématuré de demander une représentation élective pour l'élément Français qui compte à peine cinq cents nationaux en Cochinchine, quatre cents au Sénégal.

Quant à la Martinique, quant à la Guadeloupe, quant à la Réunion, de quoi s'agit-il avant tout pour elles ? De les relever de l'état de marasme dans lequel elles languissent depuis de longues années ; d'encourager la production, le commerce, les industries locales, de leur donner la liberté dans la mesure compatible avec les exigences des temps et le droit de faire leurs affaires en s'inspirant de leurs tendances et de leurs besoins. Ce qu'il faut donc à ces Colonies, même avant l'envoi, dans les assemblées de la Métropole, de quelques députés, ce sont des parlements locaux ayant de larges attributions, votant, répartissant, contrôlant l'impôt, traitant à pied d'œuvre toutes les questions de nature à intéresser le pays. Il est évident que malgré toute l'utilité, pour les Colonies, d'être, en certains cas spéciaux, représentées dans les grandes assises de la nation-mère, l'extension des libertés locales, la décentralisation dans sa bonne et et véritable acception, leur rendraient des services bien plus directs, plus immédiats.

La solution de ces questions est imminente, elle est dans les esprits, car la France commence à comprendre combien il importe de donner de l'essor à la richesse coloniale. Elle entrevoit quelles sources de prospérité et de grandeur lui réservent ces champs d'exploration lointains qui s'ouvrent à son industrie, à son commerce et à sa marine; aussi le caractère immuable, dominant, de tous les désirs, de toutes les solutions proposées, c'est la nécessité de relier plus étroitement la Colonie à la Métropole par les liens étroits et durables, qui résultent des bienfaits et de la reconnaissance. C'est là le point essentiel où nous différons de cette Angleterre qu'on cite, toujours et à tort, comme un modèle en fait de colonisation. Cette différence s'est affirmée dès la conquête de l'Algérie : après ce coup de théâtre qui la mettait, si inespérément, en possession de l'antique colonie Romaine, la France se trouvait, sans plan préconçu, obligée d'improviser les moyens de conserver et de transformer sa conquête: « Si nous avions consulté la Grande-Bretagne, si vantée par ses aptitudes colonisatrices, elle nous aurait sans doute indiqué des moyens expéditifs. Mais nous nous considérions comme liés par les exigences de la justice et de la civilisation, bien plus que par des capitulations si souvent violées par les Arabes eux-mêmes (*). » Ces exigences de la justice et de la civilisation nous dominent toujours et partout, à la Réunion, à la Martinique, à la Guadeloupe, en Cochinchine comme en Algérie ; c'est leur loyale application, qui établit une ligne de démarcation si tranchée entre notre colonisation et celle de l'Angleterre, et qui conduira nos Colonies à un avenir tout autre, à des relations toutes différentes avec la Métropole, que celles qui menacent ce vaste empire colonial de l'Angleterre, colosse d'or aux pieds d'argile, disons-le d'autant plus hautement que les préjugés aveuglent davantage sur sa vitalité factice.

Déja au sein de cette Angleterre, positive avant tout, des hommes d'Etat de premier ordre, les Bright, les Gladstone, les Granville soupèsent froidement la somme des avantages ou des charges, résultant de cette immense agglomération coloniale, qui s'étend sur une une superficie de plus de sept milliards d'hectares et qui compte au delà de cent cinquante millions d'habitants : on se demande, non pas à voix basse, mais hautement, puisque le Parlement doit être saisi de la question dans sa plus prochaine session, si la Métro-

(*) M. Lefébure, *Corps législatif*, 8 mars 1870.

pole tire avantage de la possession de tant de territoires éloignés ou si elle doit conserver cette brillante mais onéreuse légion de possessions coloniales.

Que les Colonies Anglaises, — nous en exceptons l'Inde où s'exerce l'exploitation la plus exorbitante sur les possessions immédiates et surtout sur les possessions médiates, — que ces Colonies tiennent à leur union avec la Métropole, nous le comprenons, car, dans toutes, la dépense excède le revenu, et l'Angleterre est obligée de combler le déficit, de pourvoir, à titre onéreux, aux charges de la défense, d'assumer en un mot tout le fardeau du pouvoir en leur laissant tous les bienfaits de l'autonomie et de la liberté.

Avec l'application du libre-échange quel monopole peut-il rester à l'Angleterre même dans ses Colonies ? ne sont-elles pas libres de trafiquer avec les peuples qui lui plaisent et d'imposer des taxes même aux produits Anglais ! la métropole n'a pas plus de droit au trafic avec l'Australie, avec le Canada, la Nouvelle-Zélande, la Colombie qu'avec notre Cochinchine Française ou qu'avec les Etats-Unis.

Que deviennent en outre ces ressources, autrefois si fructueuses qu'offrait autrefois l'émigration à un pays qui, comme l'Angleterre, très habité et resserré dans d'étroites limites naturelles, a intérêt à répandre ses colons à l'extérieur ?.... Les Colonies, étant propriétaires de leur sol, il n'appartient pas à la Métropole de diriger ses émigrants sur ses colonies plutôt que partout ailleurs.

Voilà donc à quoi en est arrivée la Grande-Bretagne ; voilà le dernier mot de ce système que la Métropole a laissé subsister entre Elle et ses Colonies !

Tout autre est l'esprit de la France, dont le légitime orgueil au contraire est de vouloir que ,. partout où flotte le pavillon tricolore, là aussi la France transporte sa civilisation et ses immunités, en sorte que, sous les plis de notre drapeau, le moindre des colons, avec autant et plus de raison que les citoyens de l'ancienne Rome, puisse se prévaloir de son titre de citoyen. Nous avons autre chose en vue, nous autres Français, dans nos stations du Sénégal, de la Guyane, de la Martinique, de la Guadeloupe, dans nos Colonies de l'Inde, dans notre Cochinchine surtout, nous avons autre chose en vue que d'établir des champs d'exploitation, comparables en quelque sorte à ces puits de mine qu'on abandonne avec le tarissement des veines; ce que nous voulons c'est y planter haut et ferme le drapeau de la civilisation, le drapeau de la France en un mot, créer ainsi des points de refuge pour toutes les nationalités, des terres de salut, où nous puissions, en cas de conflagration générale, nouveaux Antées, refaire nos forces en touchant un sol Français.

Que le positivisme Anglais, que la timidité d'autres nations rient ou s'effarouchent de notre esprit chevaleresque, peu nous importe : le propre de nos sentiments généreux est non seulement de nous assimiler nos colonies, mais encore de nous donner, dans le monde entier, ce droit d'accès et de sympathies qui fait défaut à la Grande-Bretagne même dans ses propres possessions.

Laissons donc, si tel est son bon plaisir, laissons l'Angleterre consulter le barême de ses affections et abandonner, par raison d'intérêt, cet empire colonial, dont l'acquisition a coûté tant de sang à l'Europe, à nous surtout, à l'Espagne, à la Hollande ; dont le maintien a soulevé contre Elle la haine de tant de nations rivales ou de peuples subjugués; laissons la même, cette hécatombe faite, reporter sur ses possessions Indiennes l'excédant disponible de ses ressources en hommes et en argent, et que cet excès de déploiement de forces, en Orient, contribue uniquement à nous affermir de plus en plus, dans la conviction qu'il était temps de planter, à côté du champ d'exploitation et de l'arsenal de la cupide Albion, le drapeau de la France, comme jalon de nos tendances civilisatrices, mais aussi comme signe apparent d'une vigilance jalouse, d'une rivalité nationale très légitime, peu disposée à endurer les empiétements excessifs de l'Angleterre et de la Russie.

Il n'est pas sans importance de constater que c'est précisément au moment, où la France s'occupe d'améliorer la position de nos colonies et de se les assimiler, que l'Angleterre soulève cette question de séparation.

C'est en France, il est vrai, que l'on a prononcé ces mots oratoires : « périssent les colonies plutôt qu'un principe ! » mais nous croirions faire outrage au patriotisme Français en admettant la simple supposition qu'on puisse trouver un seul de nos hommes d'État pour oser envisager et soutenir jamais une proposition analogue à celle qui, en Angleterre, s'abrite sous les plus grands noms du Parlement !

XX.

CONCLUSION.

Nous n'avons plus à nous étendre sur l'œuvre du Canal de Suez ; le travail en est terminé, et cette voie navigable est devenue la route directe de l'Occident vers l'Orient, de l'Asie vers l'Europe.

Aussi longtemps que l'œuvre en cours d'exécution n'avait pas de trop, pour réagir contre les hostilités auxquelles elle était en butte, du concours de tous les dévouements, quelque modestes qu'ils fûssent, nous n'avons pas hésité à aider, autant qu'il était en nous, à faire la lumière sur la portée féconde de cette héroïque entreprise, à vulgariser la connaissance des phases diverses, dans lesquelles elle entrait successivement, à coopérer enfin à cette impulsion, qui devait lancer l'Univers commerçant vers la nouvelle voie et le mettre à même de profiter des bienfaits résultant de cette route maritime.

Avec l'ouverture du Canal, a commencé une autre

mission pour les amis de cette œuvre patriotique, menée au succès par la persévérance de cette France qu'on accuse si gratuitement d'inconstance et de légèreté. Ce qu'il faut maintenant , c'est travailler à accroître l'importance commerciale de l'entreprise sur les débuts de laquelle la malveillance s'acharne, avec une ténacité, qui ne s'expliquerait pas, si l'on ne devinait, derrière ces agissements hostiles, le désir d'avilir, pour mieux les accaparer, les titres que les timorés et le faibles pourraient abandonner au milieu du sauve-qui-peut et des cris d'alarme poussés par des fuyards stipendiés dans une déroute factice.

Placé en dehors de ces considérations mercantiles, ayant un seul but, l'extension rapide de la civilisation et des relations internationales à laquelle nous avons successivement travaillé dans nos Etudes sur l'Exposition, le Canal de Suez, le rail-way Hondurien, le percement de l'Isthme de Corinthe, nous opposerons à ces attaques intéressées et violentes le langage froid et calme de la raison.

Le meilleur argument à invoquer se déduit de la marche incessamment progressive du transit par le canal et c'est à l'accroissement de ce transit qu'il faut tendre d'abord ; l'un de nos vœux les plus ardents serait réalisé, si nous avions réussi, jusqu'à ce jour, et si nous réussissions encore à contribuer à ce mouvement, en signalant à l'industrie et au commerce Français les vastes ressources que leur offrent, par la route nouvelle de Suez, les riches marchés de l'Extrême-Orient et ceux non moins opulents de notre Cochinchine, de Siam, de l'Inde-Anglaise, de la Birmanie et surtout de ce splendide Empire Persan, si peu connu parmi nous et auquel, pour cela même, nous réserverons, par antériorité, notre plus prochaine étude.

Dès maintenant d'ailleurs nous nous considérerions comme amplement dédommagé de nos travaux, si nous étions arrivé à faire naître ou à stimuler, dans notre pays, le désir de connaître plus intimement cette belle colonie de Cochinchine, dont nous avons rapidement esquissé les vastes ressources, et si surtout nous pouvions contribuer à y diriger les capitaux appelés à les féconder encore.

L'intérêt est un excellent guide ; or il est impossible de porter ailleurs, avec un espoir plus fondé d'en recevoir leur rémunération, les capitaux et l'activité de la France. Nous avons parlé plus haut de ces emprunts fabuleux à cent pour cent et qui néanmoins donnent aux emprunteurs, tous frais payés, une large rémunération. Quand on songe que le taux normal, toléré en Cochinchine, est encore de douze pour cent l'an, et que le taux le plus répandu n'est guère moindre de quarante, dans un pays où les cultures couvrent, en moins de trois ans, le prix d'achat et de la mise en train, on s'étonne que les capitaux Français, si facilement déviés vers des placements irrécouvrables à l'étranger, ne se portent pas en foule à notre nouvelle Colonie, relevant de la juridiction Française. Dès 1867, une grande société s'est formée pour encourager notre commerce d'exportation et d'importation et ouvrir des débouchés à nos produits dans l'Extrême-Orient ; récemment nous voyions se former, sous le patronage d'une des sociétés de crédit les plus recommandables, la Société générale, une Compagnie Franco-Japonaise pour favoriser les opérations de commerce et de banque avec le Japon ; ne verrons-nouspas aussi se fonder des établissements de crédit Franco-Cochinchinois, destinés à donner de l'essor à l'Annam Français! Déjà, pionnier intelligent du commerce Français, sur la terre étrangère, le Comptoir de Paris a, par ses agences, montré ce que ces tentatives ont de sérieux et de praticable. De soixante-sept millions qu'elle avait engagés, l'année précédente, dans ses agences, cette grande institution de crédit a élevé cette année ses avances à plus de cent dix millions, accroissant ainsi de quarante millions le surcroît de concours qu'elle donne au commerce étranger, sans pour cela diminuer ses escomptes au commerce Français. Que des esprits timorés l'en blâment, nous l'en louons énergiquement au contraire, car le commerce, qui a besoin d'être largement encouragé, ce n'est pas le commerce local, qui se pourvoit d'argent de deux à cinq pour cent, c'est le commerce lointain qui, confiné derrière les Océans et la distance, subit la dure loi de l'usure et des prêts léonins. En diminuant de moitié les distances, l'ouverture du Canal de Suez ne peut qu'encourager les capitaux qui, jusqu'à ce jour, avaient craint d'aborder ces régions lointaines.

A mi-route déjà, sur la terre d'Egypte, si hospitalière aux Français, à l'ombre des réformes judiciaires, qui sont à l'étude et qui, sans nul doute, arriveront à bonne solution, la France fixera, sous peu, des étapes intermédiaires d'où notre action rayonnera plus sûrement vers l'Orient. Déjà, d'après les instructions de M. le Ministre de la Marine, le centre de la station navale Française, en Egypte, est transféré à Port-Saïd, dans le but, il est vrai, d'alléger les frais de transit du personnel et du matériel de nos établissements de Cochinchine, transit qui doit se faire régulièrement à l'avenir par le canal de Suez, mais aussi dans le but de rapprocher l'action de la France de nos Colonies d'Asie. Déjà, par une convention née d'hier, une nouvelle ligne télégraphique sous-marine va relier la France, l'Algérie et l'Egypte; déjà le *Great-Eastern* ce géant de la télégraphie maritime, a immergé le fil qui joint Suez, Aden et Bombay... Le jour n'est pas éloigné où les correspondances télégraphiques marines, qui s'arrêtent à Pointe de Galles, iront jusqu'à Saïgon, en même temps que la ligne terrestre y aboutira par Bangkok, la province de Battanbang et Phnôm-Penh. Saïgon, en outre, réclame et ne saurait tarder à obtenir la tête de ligne des paquebots des Messageries Impériales. N'y a-t-il pas aussi beaucoup à attendre de l'intelligente initiative de la riche et entreprenante Compagnie Marc-Fraissinet, qui, la première, inaugurait, dès l'ouverture du Canal de Suez, par un voyage d'aller et retour, sa station Indienne de Bombay. N'y a-t-il pas beaucoup à attendre encore de ce besoin urgent pour l'industrie Française de correspondre directement avec les sources de production de l'Orient et de s'émanciper du tribut que paie la France à l'Allemagne et à l'Angleterre! Stimulée par l'exemple de l'Angleterre qui, de longue date, a marqué ses escales vers l'Orient par des points commerciaux de la plus grande importance, Gibraltar, Tobruck, Aden, l'initiative Française se décide et tout récemment une maison de Marseille vient d'acheter, dans un but commercial, à des chefs indigènes, une portion de territoire située sur la côte d'Arabie, en face de Périm et s'avançant jusqu'à une distance de six milles dans l'intérieur du pays. Il faut donc s'attendre à voir de plus en plus la route vers notre Colonie Asiatique sillonnée de navires au pavillon Français.

Reliée ainsi à la Métropole, admirablement située dans une position centrale, qui la met à portée de Singapore, de Manille, de Hong-Kong et de Canton, protégée contre les terribles moussons du Grand-Océan, facilement approvisionnée de charbon par la Chine, bientôt peut être par ses gîsements de Phu-Quoc, riche en approvisionnements de toute nature que fournit l'Annam en abondance, la ville de Saïgon ne tardera pas à contrebalancer, sinon à détrôner, cette suprématie que le stérile et rocheux archipel de Singapore a dû uniquement à ce que, pendant longtemps, c'était le seul point où la navigation et le commerce aient trouvé, sur la route de Chine, une station sûre, abritée sous le pavillon d'une grande puissance : et alors, la Cochinchine, la dernière venue de nos Colonies par rang de conquête, sera devenue la première entre toutes et elle aura démontré, à l'honneur du Génie Français, trop longtemps méconnu, que si la France sait conquérir, elle sait aussi conserver et coloniser !

FIN.

TABLE DES MATIÈRES.

1139. Douai. — Imprimerie L. CRÉPIN, 23 rue de Madeleine.

www.ingramcontent.com/pod-product-compliance
Ingram Content Group UK Ltd.
Pitfield, Milton Keynes, MK11 3LW, UK
UKHW021101200726
13857UKWH00003B/1043

9 782012 966772